Ingrid Schmidt · Polarschiffe

Ingrid Schmidt

Polarschiffe

WOSTOK · MIRNY · GRÖNLAND
FRAM · GAUSS

Mit Zeichnungen und Rissen von Hans-Jürgen Kuhlmann
und Detlev Lexow

VEB Hinstorff Verlag Rostock

Schmidt, Ingrid:
Polarschiffe, Wostok · Mirny · Grönland ·
Fram · Gauss / Ingrid Schmidt. –
1. Auflage. – Rostock : Hinstorff Verl., 1988. –
96 S.: zahlr. Ill., graph. Darst. – (Blaue Reihe)

ISBN 3-356-00177-9

1. Auflage 1988. Lizenz-Nr. 391/240/32/88
Printed in the German Democratic Republic
Gestaltung: Heinz Holzgräbe
Herstellung: Offizin Andersen Nexö,
Graphischer Großbetrieb, Leipzig III/18/38
Bestell-Nr. 522 906 0

02200

Inhaltsverzeichnis

Kurzer Überblick über die Erforschung der Polarzonen

Die Arktis

Zur Arktis, auch Nordpolargebiet genannt, gehört der Arktische Ozean, der von Landmassen Asiens und Nordamerikas umgeben ist. Die Gesamtfläche der Arktis beträgt ca. 25 Millionen km^2 (Verhältnis von Meer zu Land = 7:3). Das riesige Wasserbecken unmittelbar um den Nordpol herum ist ständig mit einer dicken Eisschicht bedeckt und bis zu 5400 m tief. Aus dem Golfstrom gelangt jährlich eine Menge von ca. 150 000 km^3 Wasser in diesen Raum. Das zufließende warme Wasser des Golfstromes ist eine Ursache für die Strömungen im Nordpolarmeer. Die Wassertemperatur ermöglicht in diesen Breiten ein gutes Gedeihen des Planktons, das Nahrungsgrundlage für den reichen Fischbestand dieser Gewässer ist.

Die Erkundung der nördlichen Regionen des Atlantischen Ozeans begann bereits kurz nach der Zeitenwende. Im 9. Jahrhundert besiedelten Normannen die Insel Island, etwa 100 Jahre später auch Grönland, die größte Insel der Erde. Seit dem 11. Jahrhundert leben auf Grönland auch Eskimos, die von Nordamerika dorthin zogen. Vom 16. Jahrhundert an trieb es immer häufiger Menschen nach Norden; einige glaubten, von dort aus nach Indien und China gelangen zu können, andere wollten in den reichen Fischgründen des nördlichen Eismeeres Fischfang bzw. Walfang betreiben.

Handelsleute waren besonders im 16. und 17. Jahrhundert bemüht, eine nordöstliche oder nordwestliche Durchfahrt zum Indischen Ozean zu finden. Sie wollten direkt mit Asien Handel treiben, ohne die arabischen Zwischenhändler, die in dieser Zeit den Handel mit Fernost beherrschten. Immer weiter drang man nach Osten und Westen vor, und die Kenntnisse über den Norden Europas, Nordamerikas und über die Küste Grönlands wuchsen. Erkundet wurden die Durchfahrten zwischen den arktischen Inseln westlich Grönlands, und Spitzbergen und Nowaja Semlja wurden kartiert.

Der Däne *Vitus Bering* unternahm in den Jahren 1734 bis 1743 in russischem Auftrag die erste, rein wissenschaftlichen Zwecken dienende Forschungsreise an die Küsten Sibiriens und Nordostasiens. An dieser bis dahin erfolgreichsten Expedition nahmen auch Gelehrte anderer Länder teil. Ein wichtiges Ergebnis dieses Unternehmens war die genaue Kartierung des Ochotskischen Meeres, Sachalins, Kamtschatkas, der Kurilen und auch der nördlichen Inseln Japans. Ein Teil der Expedition gelangte bis nach Alaska. Die Wasserstraße zwischen Ostasien und Alaska und das sich daran anschließende Meer wurden nach dem Leiter der Expedition Beringstraße und Beringmeer benannt. Im 19. Jahrhundert wurde die Suche nach der Nord-West-Passage verstärkt. Jetzt wurden auch rein geographische Expeditionen in das Nordmeer gesandt, die die Kenntnisse über das Polargebiet erweitern sollten. *John Ross* bereiste 1818 die nordwestliche Küste Grönlands. Vier Jahre später konnte *William Scoresby* mit einem Walfangschiff noch weiter nach Norden und Nordosten vordringen. Eine englische Expedition, die 1845 unter der Leitung *John Franklins* ausgesandt worden war, um die Nord-West-Passage zu finden, blieb verschollen. Mehrere Suchgruppen wurden in das Gebiet geschickt, um das Schicksal der Franklin-Expedition aufzuklären. Bei der Suche nach den Verschollenen erkundeten sie weitere Teile der kanadisch-amerikanischen Polarregion.

Die erste deutsche Polarexpedition unter der Leitung *Karl Koldeweys* mit dem kleinen Schiff GRÖNLAND fand 1868 statt. Sie diente der Vorbereitung einer größeren Expedition, die 1869/70 mit zwei Schiffen unternommen wurde. Über die Jacht GRÖNLAND wird im folgenden ausführlich berichtet. Die zweite deutsche Polarexpedition erforschte einen großen Abschnitt der grönländischen Ostküste sowie die Eissituation in diesem Bereich. Dabei ging eines der ausgesandten Schiffe, die HANSA, durch Eispressung verloren.

Die erste Nord-Ost-Passage entlang der europäisch-asiatischen Küste gelang der schwedischen Expedition unter der Leitung *Adolf Erik Nordenskjölds* 1878–80 mit dem Schiff VEGA.

Anfang der 80er Jahre des 19. Jahrhunderts begann eine Zusammenarbeit der internationalen Geographen zur Erforschung der Arktis. Das Jahr 1882 wurde zum Ersten Internationalen Polarjahr erklärt. In der Arktis errichtete man auf Anregung dieser internationalen Geographenorganisationen 13 feste Forschungsstationen, von denen aus meteorologische und erdmagnetische Forschungen betrieben wurden. Nun rückte auch die Eroberung des Nordpols immer mehr in das Betrachtungsfeld der Forscher und Entdecker. Die Norweger bauten die FRAM, um mit diesem speziell für die Fahrt im Polareis konstruierten Schiff die Arktisforschung noch intensiver betreiben zu können. Mit der Eisdrift der FRAM 1893–96 wies *Fridtjof Nansen* die Strömung des nördlichen Eismeeres in westliche Richtung nach.

Die zweite FRAM-Expedition erweiterte die Kenntnisse über die nordamerikanisch-arktische Inselwelt. In den Jahren 1903–06 bezwang *Roald Amundsen* mit der Sloop GJØA als erster die Nord-West-Passage vom Atlantik zum Pazifik. Er wies nach, daß die Position des magnetischen Nordpols nicht konstant ist.

Die erste Meldung von der Bezwingung des Nordpols kam 1908 von dem Amerikaner *Frederick Albert Cook*. Sie wird jedoch von vielen Forschern angezweifelt. Als sicher gilt, daß der Nordpol im April 1909 von dem Amerikaner *Robert Peary* erreicht wurde.

Seit den 30er Jahren werden auch Flugzeuge zur Erforschung der Arktis eingesetzt. 1932/33 war das Zweite Internationale Polarjahr. Wissenschaftler aus 15 Ländern nahmen in diesem Jahr auf 200 Arktisstationen Beobachtungen vor, die international ausgewertet und ausgetauscht wurden. Auch gegenwärtig befinden sich zahlreiche Forschungsstationen in der Arktis, davon mehrere auf driftenden Eisschollen.

Der arktische Sommer reicht etwa von Mai bis September. Allerdings sind die Eisbedingungen je nach den winterlichen Temperaturen unterschiedlich. In dieser Zeit sind, abhängig von der Eislage, Fahrten durch das Eismeer möglich.

Die Sowjetunion hat für diese Fahrtgebiete kernkraftgetriebene Eisbrecher in Dienst gestellt. Diese leistungsstarken Schiffe und spezielle Eismeerfrachter, die zu großen Konvois zusammengestellt werden, bewältigen alljährlich die anfallenden Transportaufgaben. Der stärkste Eisbrecher dieser Art ist gegenwärtig die ROSSIJA mit einer Maschinenleistung von 75 000 PS. Ein neuer Eisbrechertyp, entwickelt von Konstrukteuren aus den Niederlanden, der BRD, Finnland und der Sowjetunion und gebaut in Finnland, befindet sich zur Zeit in der Erprobungsphase.

Der nördliche Seeweg durch die Beringstraße nach Osten ist etwa 10 000 km kürzer als die Route um die Südküsten Asiens und durch den Suezkanal nach Nordeuropa. Alljährlich befördern auf dem nördlichen Seeweg Hunderte von Schiffen in den Sommermonaten große Mengen unterschiedlichster Güter. Welche Gefahren jedoch mit der Passage des Nordmeeres noch immer verbunden sind, zeigte die Situation im Herbst 1983. 90 sowjetische Schiffe lagen einige Wochen in der Tschuktschensee im Eis gefangen. Über 30 von ihnen erlitten Schäden durch den starken Druck des Eises. Die Mannschaften mußten von Hubschraubern aus mit Nahrungsmitteln und Medikamenten versorgt werden, bis es gelang, die Flotte mit Hilfe starker Eisbrecher zu befreien.

Mehrere Arktisstationen, auf dem Festland und auch auf treibenden Schollen, geben ständig Berichte über Temperaturen, Wind- und Eissituationen. Eisfelder werden von Satelliten und Flugzeugen aus beobachtet, um die günstigsten Bedingungen für die Navigation der Eismeerfrachter-Konvois zu übermitteln.

Die Antarktis

Das kontinentale Festland von Antarktika, auch Südpolarkontinent genannt, umfaßt 13 177 Millionen km^2. Werden die umliegenden Inseln und Inselgruppen mit einbezogen, sind es mehr als 14 Millionen km^2. Zur Antarktis zählen die Süd-Shetland- und Süd-Orkney-Inseln, die Peter-I.- und Alexander-I.-Inseln, Südgeorgien, Kerguelen und die Süd-Sandwich-Inseln. Etwa 98% der Oberfläche von Antarktika sind mit einer 2000 bis 4000 m starken Eisschicht bedeckt. Das Volumen des Antarktiseises wird auf 30 Millionen km^3 geschätzt, dies sind etwa 90% des gesamten Inlandeises der Erde. Die Vegetation auf diesem kalten Kontinent ist äußerst spärlich. Außer Flechten, Algen und Moosen gedeihen nur eine Grasart und ein Doldenblütler. An den Küsten sind bisher etwa 50 Vogelarten nachgewiesen worden. Der Fischreichtum der Gewässer bietet zahlreichen Wal- und Robbenarten Nahrung.

Schon im Altertum vermutete man, daß es im Süden ein »Terra australis«, ein »Südland« gebe. Als zu Beginn des 17. Jahrhunderts Australien entdeckt wurde, glaubte man, dieses Südland entdeckt zu haben. Der Erste, der den neu entdeckten Erdteil an der Ostküste näher erkundete, war *James Cook*. Er überquerte auf seiner zweiten großen Reise mit den Schiffen RESOLUTION und ADVENTURE 1772–74 sogar zweimal den südlichen Polarkreis. Obwohl *Cook* auf seiner Reise nur bis an die äußere Eisgrenze der Antarktis gelangte, vermutete auch er, daß sich jenseits der Eiszone ein großes Festland befinde. Seine Schiffe drangen bis 71°10′ südlicher Breite vor. Dieser Breitenrekord im Süden der Erde wurde erst 49 Jahre später überboten, als die vom russischen Zaren *Alexander I.* ausgesandte Expedition unter der Leitung von *Fabian Gottlieb von Bellingshausen* den gesamten antarktischen Kontinent, dicht an der Eisgrenze entlang, umsegelte. Die Expedition leitete die wissenschaftliche Erforschung der Antarktis ein. Sie wies nach, daß innerhalb des südlichen Polarkreises Festland vorhanden ist.

In den folgenden Jahrzehnten reisten zahlreiche Walfänger bis an die südliche Eisgrenze und erkundeten die klimatischen Bedingungen dieses Gebietes zu verschiedenen Jahreszeiten. Ihnen folgten, angeregt durch *Alexander von Humboldt* und den Physiker *Karl Friedrich Gauss*, Expeditionen des Franzosen *Jules S. C. Dumont d'Urville* (1840), des Amerikaners *Charles Wilkes* (1840), des Engländers *James Clarke Ross* (1839–43). Ihr Ziel war es, den magnetischen Pol der südlichen Halbkugel zu bestimmen. Diese Erkundungen festigten die Vermutung, daß es ein großes antarktisches Festland geben muß. Bis dorthin vorzudringen, gelang ihnen jedoch noch nicht. Die von den Forschern entdeckten Südpolargewässer tragen heute die Namen ihrer Entdecker.

Ein nächster Schritt in der Erforschung der Antarktis war die von Belgien ausgesandte Expedition mit dem Schiff BELGICA unter der Leitung des Forschers *Gerlache de Gomery* 1897–99. Man entdeckte auf dieser Reise den Palmerarchipel im Nordwesten der Halbinsel Antarktika. Die Besatzung des Schiffes überwinterte als erste in der Antarktis, und zwar auf dem Eis der Bellingshausensee. Teilnehmer der Expedition war als Steuermann des Schiffes der Norweger *Amundsen*, der spätere »Eroberer des Südpols«. Den nächsten größeren Erfolg konnte der Norweger *Carsten Borchgrevink* vermelden. Er war Leiter einer englischen Südpolarexpedition, die mit dem Schiff SOUTHERN CROSS in der Antarktis überwinterte. *Borchgrevink* war der erste Forscher, der sich an die Erkundung des antarktischen Festlandes heranwagte und feststellte, daß dort sogar Pflanzen (Moose) gediehen.

Internationale Geographenkongresse in London (1895) und in Berlin (1899) führten auch zu einer internationalen Zusammenarbeit bei der Antarktisforschung. Zwischen 1901 und 1905 befanden sich fünf große Expeditionen nahezu gleichzeitig an verschiedenen Küstenabschnitten der Antarktis. Die englische Expedition mit der DISCOVERY unter *Robert Falcon Scott* erkundete die Ross-See und das Victorialand und unternahm Schlittenreisen landeinwärts. *Otto Nordenskjöld* erkundete mit einer schwedischen Forschergruppe von 1901 bis 1903 die Weddellsee und wies Landverbindungen zwischen dem Louis-Philippe-Land und der König-Oscar-I.-Küste nach. Das Schiff dieser Expedition, die ANTARCTIC, ging durch Eisdruck verloren; die Mitglieder wurden von einem argentinischen Hilfsschiff, das zu ihrer Suche ausgesandt worden war, geborgen und nach Argentinien gebracht. Wertvolle geologische und glaziologische Erkenntnisse konnten gewonnen werden. Schottland entsandte das Schiff SCOTIA mit einer von *W. S. Bruce* geleiteten Forschergruppe von 1902 bis 1904 in die Weddellsee. Das Schiff FRANCIS der französischen Expedition unter der Leitung von *J. B. Charcot* untersuchte 1903 bis 1904 die Eis- und Strömungsverhältnisse der Gerlache-Straße an der Nordwestküste der Halbinsel Antarktika. Deutschland entsandte die GAUSS in die Antarktis. Über diese Expedition wird im folgenden ausführlicher berichtet.

Diese großen international geplanten und abgestimmten Expeditionen brachten reiche Erkenntnisse über die Randgebiete der Antarktis. In der Folgezeit wandte man sich mehr und mehr der Erkundung des inneren Kontinentes zu.

Den ersten Vorstoß zum Südpol unternahm 1908/09 der Engländer *Ernst Henry Shackleton*. Er kam zwar nur bis 88° 23′ südlicher Breite, jedoch gelang es Mitgliedern seines Teams, die Lage des südlichen Magnetpols (77° 25′ südlicher Breite und 155° 16′ östlicher Länge) zu ermitteln. Diese Position befand sich nur etwa 40 km von der durch *Karl Friedrich Gauss* errechneten Stelle entfernt. Ende 1911, Anfang 1912, veranstalteten *Scott* und *Amundsen* einen regelrechten Wettlauf zum Pol der Antarktis. Beide hatten den Ehrgeiz, als erste den Südpol zu erreichen. *Amundsens* Expedition konnte von diesem Unternehmen erfolgreich zurückkehren. *Scott*, der ca. 4 Wochen nach *Amundsen* am Südpol eintraf, kam auf dem Rückweg zum Ausgangslager mit seinen Begleitern ums Leben.

Mit dem ersten Flug (1928) über Teile der Antarktis begann eine neue Etappe der Forschung. Das neue Verkehrsmittel erschloß weitere Möglichkeiten für die geographische Forschung. Schwer zugängliche Gebiete ließen sich aus der Luft vermessen und anschließend kartieren. Auch die Möglichkeiten der Fotografie konnten besser genutzt werden.

Nach dem zweiten Weltkrieg erhielt die Antarktisforschung erneut einen Auftrieb.

Man bemühte sich, Lagerstätten wertvoller Bodenschätze zu finden, um sie auszubeuten. Im Antarktiswinter 1983 gab es dort 46 bemannte Stationen, die von 12 Nationen unterhalten wurden.

Die UdSSR und die USA besitzen die größten Stationen in der Antarktis. Zwischen den Stationen aller Nationen bestehen Kontakte, um Forschungsprogramme zu koordinieren. Ein 1959 international unterzeichneter Antarktisvertrag verbietet die Einrichtung militärischer Stützpunkte südlich des 60. Breitengrades und untersagt die Lagerung radioaktiver Abfallstoffe sowie Versuche mit Kernenergie in diesem Gebiet. Antarktika wurde zum atomwaffenfreien Kontinent erklärt.

Polarschiffe

Die Erforschung der beiden Polarzonen der Erde unterschied sich wesentlich von der Entdeckung und Erkundung anderer Länder, Küsten und Archipele. Die an den Polen und in den sie umgebenden Randmeeren herrschenden klimatischen Bedingungen erschwerten den Zugang zu ihnen. Es bedurfte vieler Erfahrungen, die oft von Rückschlägen, ja sogar Katastrophen begleitet waren, bis es den Forschern gelang, bis zum Nordpol und Südpol der Erde vorzudringen.

Wichtige Hilfsmittel bei der Erkundung der Polarzonen waren die Schiffe, mit denen es möglich wurde, die die Pole umgebenden Eisgürtel zu durchdringen. Diese Schiffe waren größten Beanspruchungen ausgesetzt. Man setzte zunächst die üblichen Handels- oder Kriegsschiffe zu Erkundungsreisen nach Nord und Süd ein. Die Erfahrungen, die mit diesen Fahrzeugen in den Polarzonen gesammelt wurden, zeigten jedoch, daß sie den polaren Beanspruchungen nicht genügten. Man ließ daher für Reisen in Polargewässer die Bordwände der Schiffe verstärken und die Bug- und Heckbereiche durch aufgezimmerte starke Hölzer festigen. Die Bordwände erhielten zumeist in der Wasserlinie eine zusätzliche Plankenlage aus Greenheartholz, einer besonders harten Holzart aus Westindien (Guayana), die sich zwar sehr schwer verarbeiten läßt, aber auch bei stärkster Beanspruchung kaum beschädigt wird. Ein weiteres Hindernis für die Eismeerfahrt waren die Schwerfälligkeit und Windabhängigkeit der großen Segelschiffe. Eine wesentliche Verbesserung konnte erst durch den Einsatz von Schiffen mit mechanischem Antrieb (Dampfmaschine oder Motor) erreicht werden. Einem anderen Problem mußte ebenfalls Rechnung getragen werden. Wegen der extremen Kälte in den Polarzonen waren die Unterkünfte für die Schiffsbesatzungen und die Wissenschaftler heizbar zu machen und die Wände gegen Wärmeverlust zu isolieren. Wie dieses Problem gegen Ende des 19. Jahrhunderts gelöst wurde, zeigen die Beispiele der beiden Schiffe FRAM und GAUSS.

Welchen Wert eine langfristige und sorgfältige Planung einer Polarexpedition hat, bewiesen die Norweger mit ihrem erfolgreichen Polarschiff FRAM. Dem Bau dieses ersten, ganz speziell für die Eismeerfahrt vorgesehenen Schiffes gingen umfangreiche Recherchen voraus. Man wertete die bisherigen Erfahrungen mit Schiffen in der Eismeerfahrt, mit den Walfängern, den Robbenfängern und die bisherigen Forschungsfahrten in polare Gewässer aus. Die zu erwartende Druckkraft des Eises wurde beim Bau des Schiffes besonders beachtet. Der Rumpf wurde so gebaut, daß er nicht vom Eis zerdrückt, sondern wie ein Keil hochgehoben werden konnte. Damit konnte er der Kraft des Eises ausweichen, ohne beschädigt zu werden. Bei früheren Expeditionen gerieten die Schiffe häufig in die Umklammerung des Eises.

Die FRAM sollte soweit in das Eis vordringen, bis sie darin festgehalten wurde und mit dem Polareis driften konnte.

Daß die Kraft des Eises selbst moderne Schiffe mit stabilem Stahlrumpf wie Streichholzschachteln zerdrücken kann, ist der Tabelle über die gescheiterten Polarschiffe zu entnehmen. Nach dem Beispiel der FRAM wurden in den folgenden Jahrzehnten noch andere Polarschiffe gebaut, in England die DISCOVERY (heute Museumsschiff in London), in Norwegen das zweite Amundsenschiff, die MAUD, und in Deutschland die GAUSS.

Die Polarschiffe dienen meist nicht nur der Erkundung polarer Küstenzonen. Sie waren und sind zugleich Transportmittel im Interesse der weiteren Erforschung der Polargebiete. Sie transportieren wissenschaftliche Instrumente, Bauteile für feste Stationsgebäude, zahlreiche kleine Boote, Schlitten und Polarhunde als Zugtiere für die Schlitten. Ebenso müssen sie genügend Raum für die langfristige Unterbringung der Besatzungen, der Wissenschaftler und für die Labors mit den notwendigen technischen Forschungsgeräten haben.

Der Vorrat an Proviant war schon immer wesentlich größer als auf üblichen Handelsschiffen, da es meist ungewiß war, wie lange die Reise dauern würde. Die Zusammenstellung des Proviants sollte Mangelerkrankungen ausschließen. Für den Aufenthalt in den kalten Zonen des Nordens und des Südens war eine warme und bequeme Kleidung für alle Beteiligten vorzusehen. Auch die medizinische Versorgung und der Vorrat an Medikamenten und Verbandszeug mußten sorgfältig geplant und beschafft werden.

Bewunderung und größte Anerkennung verdienen die Männer, die früher mit Forschungsschiffen auf Polarfahrt gingen. Es waren ausnahmslos Fahrten ins Ungewisse. Meist gab es nur ungenaue Karten oder noch gar keine Kenntnis von den zu befahrenden Gewässern. Erst die Ergebnisse der einzelnen Polarfahrten gaben ein immer besseres Bild von den Küsten, Gewässern und Eiszonen der Pole. Da es noch keine Funkverbindungen gab, war man oft monatelang, ja sogar jahrelang, ohne Kontakt zur übrigen Welt und völlig auf sich allein gestellt. Es gab keine Möglichkeiten, die Ausrüstung zu ergänzen, bei Havarien Hilfe herbeizurufen oder irgend jemanden um Rat zu fragen. Ob eine Expedition erfolgreich war oder im Eis verschollen blieb, das stellte sich oft erst nach Jahren heraus.

Polarschiffe sind heute modern ausgerüstete, nach neuesten schiffbautechnischen Erkenntnissen konstruierte und gebaute Spezialschiffe. Ihre Rümpfe sind aus erstklassigem Stahl und zweckentsprechend verstärkt. Die nautische Ausrüstung entspricht dem neuesten Stand der Wissenschaft und ist von hoher Präzision. Jederzeit sind moderne Polarschiffe in der Lage, über Funk, auch über Satellit, ihre Position und ihre Situation mitzuteilen. Sie bieten ihren Besatzungsmitgliedern einen großen Komfort. Labors mit wissenschaftlichen Meßgeräten, Computer zur Auswertung gesammelter Informationen aus allen Forschungsbereichen stehen hochqualifizierten Wissenschaftlern zur Verfügung. Auf dem Eis der Arktis und der Antarktis wird eine neuzeitliche Transport- und Forschungstechnik eingesetzt. Schwere Raupenfahrzeuge oder Hubschrauber bewältigen die Transportarbeiten, die man früher manuell oder mit den Hundeschlitten leisten mußte. Eisbrecher und Unterwasserfahrzeuge, Hubschrauber und Flugzeuge werden in das Arbeitsprogramm mit einbezogen.

Aber auch die derzeitige Polarforschung bleibt trotz moderner Technik nicht von Katastrophen verschont. Im März 1985 geriet das sowjetische Forschungsschiff MICHAIL SOMOW in der Antarktis in die Umklammerung des Eises und konnte erst in sprichwörtlich letzter Minute von einem aus dem Fernen Osten entsandten Eisbrecher aus dieser bedrohlichen Situation befreit werden. Im Januar 1986 ging in der Antarktis durch Eispressung das BRD-Forschungsschiff SOUTHERN QUEST verloren. Die Mannschaft hatte sich auf das Eis retten können und wurde von Hubschraubern geborgen.

Im Mai 1987 konnte der sowjetische Atomeisbrecher SIBIR als zweites Überwasserschiff nach der ARKTIKA durch die Eismassen bis zum geographischen Nordpol vordringen. Um zu dieser Position zu gelangen, mußte eine Distanz von mehr als 1000 Seemeilen durch kompaktes Eis zurückgelegt werden. Zuvor nahm der Eisbrecher die Besatzung der driftenden Station »Nordpol 27« an Bord, deren Eisscholle bis auf eine Fläche von 60 km^2 zusammengeschmolzen war.

Die Erforschung der Polarzonen ist noch lange nicht abgeschlossen. Immer neue Ideen, immer neue Projekte und Forschungsprogramme werden das Wissen über diese interessanten Gebiete der Erde erweitern.

Die russische Antarktisexpedition von 1819 bis 1821

Als die Polarschiffe WOSTOK und MIRNY in St. Petersburg zu ihrer großen Reise in die Antarktis ausgerüstet wurden, hatten russische Expeditionen bereits eine Reihe bedeutender geographischer Entdeckungen gemacht. Schon in den Jahren 1734 bis 1743 konnte die Expedition unter der Leitung von *Bering* einen beachtlichen Erfolg melden. Sie gilt als eine der ersten wissenschaftlichen Expeditionen überhaupt.

Der Erschließung der Länder im Fernen Osten für den Handel mit Rußland diente die Weltumseglung der Schiffe NEWA und NADESHDA (1803 bis 1806) unter dem Kommando von *Adam von Krusenstern*. Teilnehmer dieser Weltreise war *Otto von Kotzebue*, der nur wenige Jahre später eine eigene Expedition in den Stillen Ozean, nach Hawaii und Kalifornien leitete. Auf dieser Reise 1815 bis 1818 mit dem Schiff RURIK begleitete ihn der Naturforscher und Dichter *Adalbert von Chamisso*. Als Fünfter Offizier auf der NADESHDA nahm auch *Bellingshausen* an *Krusensterns* Weltumseglung teil. *Krusenstern* nannte ihn »einen talentierten Offizier, welcher mit der Zeit ein geschickter Hydrograph zu werden verspricht.« [6]

Bellingshausen hatte auf dieser Reise die meisten Karten der bereisten Gebiete angefertigt und auch die Generalkarte der gesamten Reise gezeichnet.

Das russische Marineministerium plante 1819 erneut zwei Expeditionen. Eine Nord-Expedition »sollte die Beringstraße durchfahren, durch dieselbe nach der nördlichen Küste von Nordamerika vordringen, längs derselben fahrend den Atlantischen Ocean zu erreichen suchen und über diesen nach Rußland zurückkehren«. [2] Hierzu rüstete man die Korvette OTKRYTIE und das Transportschiff BLAGONA MERENNY aus und übertrug die Leitung der Expedition Kapitänleutnant *Wassiljew* und Leutnant *Schumarew*. Das Kommando der Süd-Expedition übertrug man dem erfahrenen Leutnant *von Bellingshausen*. Diese Expedition sollte »diejenigen Teile des südlichen Oceans untersuchen, in denen bis dahin noch niemand gewesen war oder aber in denjenigen Forschungen vornehmen, welche zwar schon einmal bekannt geworden, im übrigen aber eine Menge von Inseln enthielten, welche früher von Seefahrern noch nicht gesehen worden waren«. [2]

Zum Kommandanten des Transportschiffes MIRNY ernannte das Ministerium den Leutnant *Michail Petrowitsch Lasarew*. *Lasarew* hatte bereits 1813 bis 1816 als Kommandant des Schiffes SUWOROW der Russisch-Amerikanischen Compagnie die Welt umsegelt.

Die Korvetten WOSTOK und MIRNY

Das Flaggschiff der Expedition, die Korvette WOSTOK (Osten), lief 1818 auf der Ochtensky Werft in St. Petersburg vom Stapel. Den Bau des Schiffes leitete der Schiffbaumeister *Stoke*. Die WOSTOK war »aus unbehauenem Kiefernholz gebaut und war nur auf die übliche Art kalfatert. Die Unterwasserteile wurden von außen durch Kupferplatten geschützt, welche Maßnahme in Kronstadt der Schiffbaumeister *Amossow*, unter dessen Leitung auch die Inbetriebstellung des Schiffes erfolgte, veranlaßte.« [2] Das äußere Bild dieser Korvette entsprach der für das ausgehende 18. und beginnende 19. Jahrhundert üblichen Form russischer Korvetten. Es waren Glattdeckschiffe, das bedeutet, daß sie ein durchgehendes Oberdeck besaßen. Korvetten waren relativ scharf und leicht gebaut und besaßen gute Segeleigenschaften. In den europäischen Kriegsflotten verwendete man sie vorwiegend als Aufklärungs-, Kurier- oder Bewachungs-, oftmals auch als Ausbildungsschiffe für den Offiziersnachwuchs. Die meisten von ihnen hatten Fregatt-Takelung. Korvetten trugen 20 bis 24 Geschütze, die durch Pforten feuerten, welche in das Schanzkleid eingelassen waren.

Im zaristischen Rußland bezeichnete man häufig die Korvetten als Sloop oder Schljup. Der klipperähnliche Vorsteven der WOSTOK war mit einem Galionsscheg versehen, während der Schiffskörper im Vorschiff relativ gerade Wände besaß. Die zwei Galionsregeln waren jedoch mehr Merkmale aus dem 18. Jahrhundert. Die WOSTOK hatte ein im Unterwasserbereich etwas völliges Vorschiff und lief nach achtern schlank aus. Diese Bauweise entsprach den damaligen Vorstellungen von einem schnellen Schiff. Die Form wurde charakterisiert durch die Regel »Kabeljaukopf und Makrelenschwanz«. Das Heck hatte einen mit Schnitzereien verzierten Spiegel, unterbrochen durch die Fenster der Offizierskammern. Durch sogenannte Seitentaschen, über die Bordwände seitlich hinausragende galerieartige Vorbauten, wurde mehr Raum für den Offiziersbereich an Bord gewonnen. Die Länge der WOSTOK betrug 39,50 m, ihre Breite lag bei 10 m und der Tiefgang bei 4,50 m. Sie war mit etwa 9000 t Deplacement vermessen. Sowohl die WOSTOK als auch das Begleitschiff MIRNY hatten Fregatt-Takelungen, wobei die WOSTOK außer den Unter-, den Mars- und Bramsegeln auch Royalsegel tragen konnte. Sie trug ein umfangreiches Vorgeschirr, bestehend aus Bugspriet, Klüverbaum und Außenklüverbaum mit einem Stampfstock und einer Blinderah. Zwischen den Masten konnte man Stagsegel setzen. Die Ruderpinne befand sich unter dem Batteriedeck. Beide Schiffe wurden vom Hauptdeck aus gesteuert. Der Ruderbock stand jeweils vor dem Kreuzmast und hatte zwei Steuerräder. Zum Steuern war ein großer Kraftaufwand erforderlich, da die Kraft ohne Getriebe direkt auf die Trommel der Ruderwinde übertragen wurde. So standen an den miteinander verbundenen beiden Steuerrädern meist mehrere Rudergasten. Zur Reduzierung des Kraftaufwandes beim Rudergehen gab es lediglich ein Steuerreep, das über Scheiben in der Pinne lief und am Schanzkleid befestigt war. Auf beiden Schiffen lagen an den Bordseiten in Höhe des Kreuzmastes die Beiboote. An Kranbalken am Heck war je eine Kapitänsgig befestigt. Ein weiteres, größeres Boot lag an Deck auf Klampen gesetzt. Die Hauptanker befanden sich auf beiden Schiffen an der Backbord- und Steuerbordseite auf Rüsten, während die Buganker, immer bereit zum Fallen, mit dem Ring unter dem Kattbalken befestigt und durch Rüstleinen am Schaft waagerecht gehalten wurden. Auf der WOSTOK befand sich die Geschützbatterie unter dem Hauptdeck. Die Stückpforten waren mit Deckeln versehen und im achteren Bereich, dem Bereich der Offiziersunterkünfte, als Fenster gestaltet. Leichtere Geschütze standen auf dem Hauptdeck hinter dem Großmast. Hier waren Pforten in das Schanzkleid eingelassen. Die Geschütze unter Deck lagerten auf Radlafetten. Die WOSTOK trug während der Weltumsegelung 28 Kanonen und 10 Karronaden. Als *Bellingshausen* das Schiff auf seine Seetüchtigkeit überprüfte, fiel ihm »die ungewöhnlich große Belastung desselben durch das Mastwerk auf«. Er veranlaßte eine »Verringerung des Mastwerkes« [2] und ließ auch andere Veränderungen vornehmen, die ihm

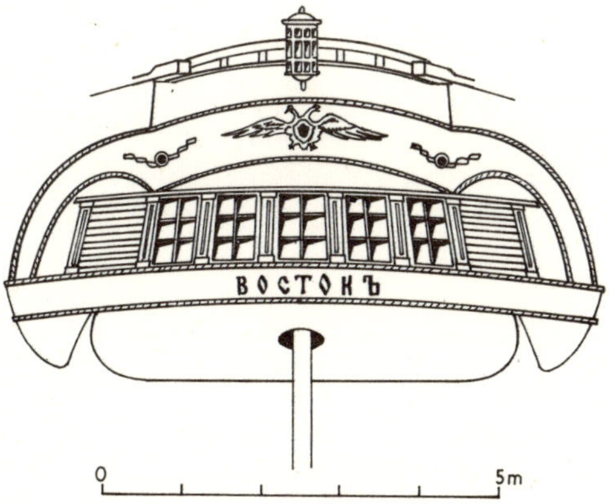

Fig. 1 Heckspiegel der Korvette Wostok

Fig. 2 Heckspiegel der Korvette Mirny

für die Expedition zweckmäßig erschienen. Da die Mirny unter vollen Segeln wesentlich langsamer als die Wostok fuhr, mußten bei der Wostok oftmals die Segel verkleinert werden, um miteinander in Kontakt bleiben zu können.

Das Hauptdeck beider Schiffe wurde durch Grätings unterbrochen, durch die frische Luft und Tageslicht in die unteren Räume gelangen konnten. Die Geschütze der Mirny befanden sich ausschließlich auf dem Hauptdeck. Auch die Ruderpinne der Mirny lag auf ihm.

Die Mirny war nur wenig kleiner als das Flaggschiff. Sie war als Transport- und Begleitschiff vorgesehen. Ursprünglich hieß sie Ladoga. Auf Anweisung des Zaren erhielt sie vor Beginn der Expedition den Namen Mirny (Der Friedliche). Sie war eigentlich für die Baltische Flotte vorgesehen, wurde dann jedoch zur Expedition beordert. Ihr Bauplatz befand sich in St. Petersburg, ihr Baumeister hieß *Kollotkin*. Die Mirny lief 1818 vom Stapel. Sie war 36,60 m lang, 9,15 m breit, hatte einen Tiefgang von 4,60 m und war mit 530t Deplacement vermessen. Der Schiffskörper besaß eine sehr völlige Form, wodurch das Schiff wesentlich langsamer und weniger wendig war als die Wostok. *Bellingshausen* stellte fest, daß »jeder Seeoffizier auf den ersten Blick die Ungleichartigkeit in dem Gang dieses Schiffes mit demjenigen des Wostok erkennen« mußte. [2] Das Admiralitäts-Kollegium in St. Petersburg sah sich veranlaßt, die Wandungen des Schiffes für die Fahrt ins südliche Eismeer verstärken zu lassen. »Herrliches Wetter begünstigte die Ausführung dieser Arbeiten in dem Grade, daß sie in nur zwölf Tagen vollendet waren, wobei die Flöße, auf denen die Zimmerleute und die Kalfaterer arbeiteten, ohne Unterlaß von zahlreichen Marineoffizieren oder Zuschauern gefüllt waren. Diese nahmen großen Anteil an den Vorbereitungen der Expedition und beglückwünschten uns und den genannten Schiffbaumeister bei jedem Nagel, der eingeschlagen wurde.« [2]

Leutnant *Lasarew*, der Kommandant der Mirny, ließ am Mast- und Takelwerk und im Schiffsinnern Veränderungen vornehmen.

Die Mirny war mit 14 Dreipfünder-Kanonen und sechs Karronaden bestückt. Die Beiboote beider Schiffe sind nach Vorgaben *La-*

sarews gebaut worden. Beim Rumpf der MIRNY waren die Bordwände über der Wasserlinie nur sehr wenig eingezogen. Der Hauptspant hatte eine geringe Aufkimmung. Auch das Galion war einfacher als das der WOSTOK.

Die Ausrüstung

Da das Expeditionsvorhaben ein Unternehmen der Seekriegsflotte des Zaren war, rekrutierte sich der überwiegende Teil beider Besatzungen aus Angehörigen der Marine. Die Besatzung des Flaggschiffes WOSTOK bestand aus 117 Mann. Kommandant und Leiter des gesamten Unternehmens war *Bellingshausen*. Ihm zur Seite standen ein Kapitänleutnant und drei Leutnants als Steuerleute und Nautiker. Die weitere Besatzung setzte sich wie folgt zusammen:

ein Midshipman (Fähnrich);
ein Astronom;
ein Maler;
ein Stabsarzt;
ein Steuermann;
ein Sekretär mit Offiziersrang;
ein Gardemarinier;
zwei Steuerleute mit Unteroffiziersrang;
ein Schiffergehilfe;
vier Quartiermeister;
ein Pfeifer;
ein Trommler;
ein Zimmermann 2. Klasse;
ein Kalfaterer;
ein Segelmacher;
ein Böttcher;
zwei Artillerie-Unteroffiziere;
ein Bombardierer;
elf Kanoniere;
vier Burschen und Diener;
einundsiebzig Matrosen;
ein Feldscher;
ein Zimmergehilfe 2. Klasse;
ein Schmied.

Die Besatzung des Transportschiffes MIRNY bestand aus 72 Mann. Kommandant des Schiffes war Leutnant *Lasarew*. Ihm zur Seite standen zwei weitere Marineleutnants, zur Besatzung gehörten außerdem:

zwei Midshipman;
ein Steuermann im Offiziersrang;
ein Chirurg;
ein Steuermann im Unteroffiziersrang;
ein Schiffergehilfe;
zwei Quartiermeister;
vierundvierzig Matrosen;
ein Unteroffizier;
ein Geistlicher;
ein Trommler;
ein Schuhmacher;
ein Feldscher;
zwei Zimmerleute;
ein Schlosser;
ein Kalfaterer;
ein Segelmacher;
ein Böttcher;
sechs Kanoniere;
ein Bootsmann.

Es hatten sich viele Menschen um die Teilnahme an der Expedition beworben, mehr als mitgenommen werden konnten. Die Ausrüstung der Schiffe wurde von den zuständigen Stellen der Marine streng überwacht und kontrolliert. Zwei deutsche Naturwissenschaftler sollten für die Teilnahme an der Expedition gewonnen werden, die in Kopenhagen an Bord gehen sollten. Da diese jedoch zu spät unterrichtet wurden und die verbleibende Zeit für ihre Vorbereitungen auf ein solches Unternehmen nicht ausgereicht hätte, mußten die Schiffe ohne sie reisen. Dazu äußerte *Bellingshausen* in seinem Expeditionsbericht: »So haben wir es denn während des ganzen Verlaufes der Expedition beklagt und beklagen es auch jetzt noch, daß man es nicht vorgezogen hatte, für diesen naturwissenschaftlichen Teil unserer Aufgabe zwei Russen auszuwählen, wie wir es von vornherein auch gewünscht hätten, und statt dessen sich auf unbekannte Ausländer verlassen hatte.« [2]

Um mit den Bewohnern der fernen Inseln und Länder, die während der Reise angesteuert werden sollten, einen guten Kontakt aufnehmen zu können und auf dem Tauschweg frische Lebensmittel zu bekommen, nahm man zahlreiche Geschenke oder Tauschobjekte mit. Dazu gehörten vielerlei Werkzeuge, wie Messer, Sägen, Zangen, Äxte, Beile, Scheren, einige Ballen Stoff verschiedener Qualität sowie viele Gebrauchsgegenstände, z. B. Nähnadeln, Garne, Laternen, Wachskerzen, Kämme, Perlen, Spiegel, Angelhaken, Geschirr. Zur Ausrüstung gehörten auch 100 Pfund Gemüse- und Blumensamen. »Mit einem Wort, alles was zur Erlangung der Zuneigung und Freundschaft wilder Völker geeignet war, wurde auf den Schiffen in bequemer und sachgemäßer Weise mitgenommen.« [2]

Zar *Alexander I.* ließ eigens Medaillen aus Silber für hochgestellte Persönlichkeiten und aus Bronze für andere der Expedition behilfliche Leute prägen. Bei der Verabschiedung des Kommandanten *Bellingshausen* vom Zaren erhielt dieser noch die Ermahnung »so viel als möglich sei, in freundlicher und herzlicher Weise mit den wilden Völkern in Verbindung (zu) treten und ohne äußere Nötigung in keinem Fall von Feuerwaffen Gebrauch (zu) machen.« [2]

Für die Besatzungen beider Schiffe waren angesichts der geplanten langen Reise große Proviantvorräte vonnöten. Nicht immer konnte man damit rechnen, unterwegs frischen Proviant zu bekommen. Eines der wichtigsten Nahrungsmittel war Pökelfleisch, das in eichenen Fässern an Bord kam. Der nicht verbrauchte Rest davon war auch nach drei Reisejahren noch unverdorben. Weiterhin wurde eine große Menge Schiffszwieback aus Weizen- und Roggenmehl übernommen. Sauerkraut, in kleine Fässer gestampft, gehörte ebenfalls zum Proviantvorrat. Eine »feste Bouillon« fand bei *Bellingshausen* weniger Anerkennung, da sie eintrocknete. »Die überlegte Auswahl und Zusammenstellung des Proviants war für den Erfolg der Expedition von großer Bedeutung. Wäre der Proviant schlecht ausgewählt und besorgt worden, so hätten wir ohne Zweifel mit Skorbut-Ausbrüchen zu kämpfen gehabt.« [2] Die Zuteilung der Nahrungsmittel je Besatzungsmitglied richtete sich nach dem Seegesetz *Peters des Großen*.

In Kopenhagen nahm man eine Maschine zur Reinigung des Wassers an Bord, über deren Konstruktion und Wirkungsweise leider nichts mitgeteilt wurde. Einen letzten Teil des Proviantvorrates ließ *Bellingshausen* in England besorgen und in Portsmouth an Bord bringen. In Kopenhagen und in London wurde die Ausrüstung mit nautischen Instrumenten vervollständigt. Aus dem Kartendepot der dänischen Marine stammten zahlreiche Seekarten. In Kopenhagen erhielten die Nautiker bei einem dänischen Konteradmiral Anleitungen für den Gebrauch des Sextanten. Um in England noch fehlende Instrumente kaufen zu können, reisten die beiden Kommandanten von Portsmouth, wo die Schiffe lagen, nach London. »Chronometer und andere astronomische Instrumente, die zu unserer Ausrüstung noch erforderlich waren, waren nicht fertig vorrätig... Auch wurde es nötig, an verschiedenen Instrumenten Änderungen anbringen zu lassen. Endlich hatten wir für unsere Fahrt uns noch mit Büchern und Karten zu versehen, was uns auch gelegentlich sehr große Mühen verursachte.« [2] Schließlich konnten folgende Instrumente erworben werden: Passage-Instrumente und künstliche Horizonte (Fa. *Troughton*), Chronometer (Fa. *Arnold* und *Barott*), einige Sextanten, ein dreifüßiges und ein vierfüßiges achromatisches Teleskop der Firma *Dolland*. Außerdem wurden nautische Bücher und ein Satz Marine-Karten von *Arrowsmith* eingekauft. In Portsmouth ließ man an den Schiffen noch einige bauliche Veränderungen vornehmen, vermutlich vorwiegend im Schiffsinnern.

Verlauf und Ergebnisse der Expedition

Die Schiffe WOSTOK und MIRNY verließen am 4. Juli 1819 ihren Heimathafen. Ihre ersten Ziele waren Kopenhagen und Portsmouth, um dort die Ausrüstung zu vervollständigen. Dann ging es weiter über Teneriffa (Kanarische Inseln) nach Rio de Janeiro. Hier übernahm man frischen Proviant und Wasser und erledigte noch einige Arbeiten an den Schiffen. Ein großer Nachteil der Expedition bestand darin, daß die beiden Schiffe so sehr verschiedenartig waren. Während der Reise mußte *Bellingshausen* wiederholt die Segelfläche der WOSTOK reduzieren lassen, um den Kontakt zur MIRNY nicht zu verlieren.

Der Aufenthalt in Rio de Janeiro dauerte drei Wochen. Dann ging es mit Südost-Kurs weiter, vorbei an Südgeorgien und den Südsandwich-Inseln, bis an die Eisgrenze der Antarktis. Die Schiffe fuhren in östlicher Richtung immer so nahe an der Eisgrenze entlang, wie es ihnen möglich war. Sorgfältig wurden dabei alle Beobachtungen des Eises, der Wetterbedingungen und die ermittelten Temperaturen von Luft und Wasser aufgezeichnet. Da die Wetter- und Eisverhältnisse günstig waren, ließ *Bellingshausen* einen Kurs steuern, der bedeutend weiter südlich lag, als der von *Cook* 1772 gesteuerte. Es gelang den Schiffen an mehreren Stellen, sich bis über den Polarkreis hinweg dem Eis zu nähern.

Nach 131 Tagen traf zunächst die WOSTOK in Port Jackson (Sydney) ein. Einige Tage später kam auch die MIRNY an, die sich kurzzeitig planmäßig von der WOSTOK getrennt hatte. In Port Jackson errichtete man mit Unterstützung des Gouverneurs ein Observatorium, um astronomische Beobachtungen vorzunehmen, die zum wissenschaftlichen Programm der Expedition gehörten. Beide Schiffe wurden gründlich untersucht, und von der Mannschaft wurden alle Schäden am Rumpf und an der Takelage beseitigt. Das Passagegerät ließ man neu justieren, während die Chronometer überprüft wurden.

»Hauptmaßnahme in bezug auf die ›WOSTOK‹ war die Erleichterung des Hecks des Schiffes, die sich aus verschiedenen Gründen wünschenswert gemacht hatte« [2] und das Ausbessern der durch Eisschollen beschädigten Kupferhaut. Mitte Mai 1820 setzten die beiden Schiffe ihre Reise fort. Da während des antarktischen Winters die Fahrt in den Süden nicht möglich war, führte der Kurs jetzt über Neuseeland zu einigen Inselgruppen des Stillen Ozeans, um von dort durch exakte Vermessungen brauchbare Karten anfertigen zu können. Ende Juli 1820 besuchten die Schiffe Tahiti. Auch hier wurden astronomische Beobachtungen vorgenommen. Einige der Gesellschaftsinseln und der Freundschaftsinseln wurden kartiert. Im September war wieder Port Jackson das Ziel, um sich für den zweiten Teil der Reise in die Antarktis vorzubereiten. Am 31. Oktober 1820 wurde die Expedition in Port Jackson verabschiedet und nahm Kurs in Richtung Süden.

»Solchen Massen von auf unabsehbare Weite zusammenhängendem Eise gegenüber konnten wir die Vermutung nicht unterdrücken, daß irgendwo hier festes Land sein müsse, das dem Eise als Stütz- und Ausgangspunkt diente«. [2] Diese Annahme *Bellingshausens* sollte im weiteren Verlauf der Expedition zur Gewißheit werden. Am 21. Januar 1821 erblickte man vom Schiff aus in Richtung Süden Land. »Am Mittag waren wir in 69° 21′ 42″ S, 92° 38′ 7″ W und bestimmten die magnetische Deklination zu 39° 49′ E. Um drei Uhr nachmittags erblickten wir in ENE (Ost-Nord-Ost) vor uns einen dunklen Fleck auf dem weiten Eishintergrund. Jeder sah durchs Fernrohr. Kein Zweifel, wir hatten Land vor uns... Da bricht ein Sonnenstrahl durch die

Wolken und läßt uns deutlich erkennen, daß Land vor uns liegt, Land, auf dem Klippen und Felsen von Eis und Schnee freigeblieben sind... Aber es muß noch beträchtlich mehr Land nach dem Pol hin liegen. Dafür ist mir das Auftreten der Seeschwalben ein entsprechender Hinweis. Denn das sind Küstenvögel und keine Vögel des hohen, offenen Meeres«. [2]

Daß diese Annahme *Bellingshausens* den Tatsachen entsprach, sollten erst die Ergebnisse späterer Expeditionen bestätigen.

Eine von der russischen Antarktisexpedition entdeckte Insel erhielt den Namen Peter-I.-Insel, und das zum Festland der Antarktis gehörende Land nannte man nach dem Förderer der Expedition Alexander-I.-Land. Dieses Land galt von da an für fast 100 Jahre als Festland der Antarktis. Erst Anfang des 20. Jahrhunderts stellten andere Forscher fest, daß es sich um eine dem Festland vorgelagerte Insel handelt. Das Meer, in dem diese Gebiete sich befinden, trägt heute den Namen des Leiters der russischen Antarktisexpedition – Bellingshausensee.

Das nächste Ziel waren die Süd-Shetland-Inseln. Von dort führte die Reise weiter nach Rio de Janeiro (25. 2. 1821). Damit waren die Schiffe wieder am Ausgangspunkt ihrer Südseereise angelangt, und die Weltumsegelung war vollendet. Nach einer Überholung der Schiffe für die letzte Etappe nach Kronstadt konnte die Reise Ende April fortgesetzt werden. Zwei Monate später, am 24. Juni 1821, lagen die Schiffe Wostok und Mirny wieder im Hafen von Kronstadt vor Anker.

Die Expedition unter der Leitung *Bellingshausens* in die Antarktis war die erste wissenschaftliche Expedition nach *Cook* (1773–75). Es war auch die erste Expedition, die jenseits des Polarkreises Inseln und Festland nachwies. Während der Reise wurden zahlreiche zoologische und botanische Objekte gesammelt und präpariert. Die Expedition erbrachte neue Erkenntnisse in der Meteorologie, der Astronomie und der Ozeanographie und leistete einen wesentlichen Beitrag zur Kenntnis der Eissituation der Antarktis. Die Reise dauerte 751 Tage. Davon lagen die Schiffe 224 Tage vor Anker und waren 527 Tage unter Segeln unterwegs. Die zurückgelegte Strecke entspricht der zweieinviertelfachen Länge des Äquators. 29 Inseln wurden entdeckt und zahlreiche Küstenstriche kartiert. Die Reise konnte ohne größere Havarien beendet werden. Die Schiffsbesatzungen hatten aufgrund der umsichtigen Vorbereitung, der guten Versorgung und der ständigen Sorge um eine gute zeitgemäße Hygiene an Bord der Schiffe wenig unter den damals häufig vorkommenden Krankheiten zu leiden. Das ist erstaunlich bei der großen Anzahl von Expeditionsmitgliedern, die zu dieser Zeit noch auf den Schiffen unterzubringen und zu versorgen waren.

Über die spätere Verwendung beider Schiffe ist nichts bekannt.

	Wostok	Mirny
Bauwerft:	Marinewerft Petersburg	Marinewerft Petersburg
Baujahr:	1818	1818
Typ:	Korvette	Korvette
Länge:	39,50 m	36,50 m
Breite:	10,00 m	9,10 m
Tiefgang:	4,50 m	3,40 m
Verdrängung:	900 t	530 t
Besatzung:	117 Mann	72 Mann
Geschwindigkeit:	bis 9 kn	

Die erste deutsche Polarexpedition 1868

Angeregt durch die Erfahrungen und Ergebnisse englischer Arktisexpeditionen, bemühte sich der deutsche Geograph *August Petermann*, seinerzeit Herausgeber der international geschätzten Publikationsreihe *Geographische Mitteilungen*, seit 1863 verstärkt um eine deutsche Expedition in die Arktis. In seinem Vorwort zum Bericht über die Expedition im Jahre 1868 unter der Leitung von *Karl Koldewey* schrieb *Petermann*: »Es erschien mir, allein schon meinen Beziehungen zur Königlichen Geographischen Gesellschaft in London und meiner Stellung als Herausgeber eines angesehenen Deutschen Geographischen Journals doppelte Pflicht, diese Bestrebungen zur Erforschung unserer Erde zu sekundieren und nach Kräften fördern zu helfen.« [5]

Von den zahlreichen Expeditionen anderer europäischer Länder im 19. Jahrhundert in die Arktis war lediglich die von *John Franklin* mit den Schiffen EREBUS und TERROR von 1845 erfolglos. Beide Schiffe wurden vom Eis zerdrückt und gingen verloren. Die Expedition blieb trotz einer großen internationalen Suchaktion verschollen. Erst Jahre später fand man Aufzeichnungen *Franklins*, die Auskunft über sein tragisches Schicksal gaben.

Seit 1865 trat *Petermann* mit seinen Plänen an die Öffentlichkeit und warb bei den verschiedensten Stellen um Unterstützung. Zwei Jahre später waren die Mittel zur Finanzierung des Schiffes und der Ausrüstung beisammen. Das in Bremen gebildete Komitee für die Deutsche Nordpolarforschung beauftragte den Kapitän *Koldewey*, nach Norwegen zu reisen, um dort ein geeignetes Schiff zu erwerben. Der damalige Direktor der Steuermannsschule in Bremen und aktive Förderer des Vorhabens, Dr. *Beusing*, schlug ihn für die Leitung der Expedition vor.

Koldewey erwarb die gerade in Bergen zum Verkauf angebotene nordische Jacht GRÖNLAND für einen Preis von 3750 Talern. Die Jacht entsprach den Schiffen, die man in Norwegen sowohl zum Fischfang als auch zum Robben- und Walroßschlagen bei Spitzbergen verwendete. Der Schiffbaumeister *Toleff Toleffsen* aus Sunde, südlich von Bergen gelegen, hatte die Jacht auf seiner Werft erbaut.

Obwohl einige Bedenken gegen die Verwendung eines so kleinen Seglers geäußert worden waren, erwies sich die GRÖNLAND in der Eisfahrt als sehr gut geeignet.

Die Jacht GRÖNLAND

Die Jacht GRÖNLAND entspricht dem Typ einer nordischen Sloop oder Jacht, wie sie in Skandinavien vielfach zu finden war. Schiffe ähnlicher Form und Takelung verkehrten bereits im 17. Jahrhundert als schnell segelnde Postjachten im Ostseeraum, unter anderem zwischen Ystad und Stralsund. Je nach ihrer Verwendung, entweder als Fischereifahrzeug, als Frachtschiff oder als Robbenfänger, erhielten sie spezifische Ausrüstungen.

Die Jacht GRÖNLAND ist kraweel gebaut, hat einen geraden Kiel, einen leicht konvex gebogenen Vorsteven und ein leicht ausfallendes Spiegelheck. Sie ist zwischen den Loten 17,08 m lang und mißt über alles 19,64 m. Ihre maximale Breite beträgt 6,06 m. Der maximale

Tiefgang, voll beladen mit der Expeditionsausrüstung, lag bei 2,30 m, die Verdrängung auf CWL bei 76,68 m^3.

Über seinen ersten Eindruck vom Schiff berichtete *Koldewey*: »Von außen gefiel mir dasselbe durch seine schöne und zierliche Bauart schon sehr und bei der näheren Besichtigung fanden wir, daß alles Holz gesund und das Schiff gut und stark gebaut war. Über die Segel- und Manövrierfähigkeit sprachen sich die Leute beim Befragen sehr lobend aus und sagten, daß das Schiff besonders scharf beim Winde liege und außerordentlich gut laviere.« [5]

Das Inventar nannte er jedoch »äußerst mangelhaft; neben den nothdürftigsten Segeln und dem dazugehörigen laufenden Tauwerke waren nur noch ein paar Kabeltaue an Bord, und jeder Anker hatte nur 45 Faden (82,3 m) Kette«. [5]

Nach dem Erwerb ging *Koldewey* unverzüglich daran, das Schiff für die Expedition ausrüsten zu lassen. Er ließ einen stärkeren Mast setzen und alles stehende Tauwerk frisch teeren. Um auch die Außenhaut verstärken zu können, wurde die Jacht GRÖNLAND auf die Helling gezogen. Die Kalfaterung wurde ergänzt und teilweise erneuert, die Bordwände erhielten eine dreizöllige Holzverstärkung, über die man zusätzlich starke Eisenplatten anbrachte. Im Schiffsinnern mußten mehrere Querbalken in Höhe der Wasserlinie eingezogen und die Decksbalken verstärkt werden. Damit wurde die Festigkeit erhöht. Um genügend Raum für die Besatzung zu schaffen, wurden Kajüte und Logis vergrößert. Den ursprünglichen Frachtraum richtete man als Stauraum für die Ausrüstung und den Proviant ein. Nur zehn Tage dauerte die Liegezeit auf der Helling, dann wurde die GRÖNLAND wieder zu Wasser gelassen. Nach Beendigung der Zimmererarbeiten konnte man mit dem Stauen der Ausrüstung beginnen. Die Besegelung des kleinen Einmasters bestand aus dem Gaffelgroßsegel, dem Gaffeltoppsegel, der Breitfock, dem Rahtoppsegel, der Stagfock, dem Klüver und dem Außenklüver. Die Segelfläche betrug bei vollem Tuch ca. 315 m^2. Im oberen Mastbereich befand sich hoch über dem Deck das sogenannte Krähennest für den Ausguck bei Fahrt im Treibeis. An zwei Kranbalken am Heck hing ein kleines Beiboot, das von dort ohne Komplikationen schnell zu Wasser gelassen werden konnte. Ein größeres Beiboot lag mittschiffs hinter dem Mast an Deck. Die beiden Beiboote waren geklinkert und hatten ein Spiegelheck, wie es damals üblich war.

Auf einer zeitgenössischen Darstellung der GRÖNLAND ist zu erkennen, daß der Rudergänger achtern an einer Ruderpinne seinen Platz hatte. Vor ihm auf dem Dach eines halbhohen Niederganges zur Kajüte wird sich der Kompaß befunden haben. Die Qualität des Schiffes wurde von *Koldewey* mehrmals als sehr gut eingeschätzt. Nach einigen Wochen Fahrt mit der GRÖNLAND im Nordpolarmeer schrieb er in seinen Reisebericht: »Mit einem kleinen Schiffe kann man mit viel größerer Leichtigkeit und dabei mit viel weniger Gefahr zwischen den gewaltigen Eismassen sich hindurchwinden als mit einem großen, und ich bin überzeugt, daß kein größeres Segelschiff in diesem Jahr tiefer in das Grönländische Eis hätte eindringen können, als wir es gethan haben. Bei unserem zweiten Versuch am 28. Juli 1869 wäre ein größeres Segelschiff ganz unfehlbar vom Eise besetzt worden, während die ›GRÖNLAND‹ in Folge ihrer leichten Manövrierfähigkeit wie ein Aal den zusammendrängenden Eismassen entschlüpfen konnte. Der stärkere Segeldruck und größere Andrang, von dem so viel gesprochen wird und den ein großes Schiff allerdings mehr hat, kommt nur in seltenen Fällen zur Geltung und dieser Vortheil wird durch die vielen großen Nachtheile gegen ein kleines Schiff mehr wie aufgehoben.« [5]

Schon *Ross* äußerte während seiner Arktisexpedition (1829–1833) die Ansicht, daß ein

Expeditionsschiff im Polarmeer »ferner eine Dampfmaschine für gelegentlichen Dienst haben« sollte. Über 30 Jahre später spricht sich nun auch *Koldewey* eindeutig für ein Schiff mit Dampfmaschine aus. Inzwischen waren die Möglichkeiten, Dampfmaschinen in der Schiffahrt einzusetzen, größer geworden.

»Daß ein Dampfer einem Segelschiff bei weitem vorzuziehen ist, liegt schon allein aus dem Grunde auf der Hand, weil man hier eine eigene Kraft zur Bewegung besitzt, die unabhängig von der Unbeständigkeit und Veränderlichkeit des Windes ist. Bei der Eisschifffahrt kommt aber noch ein anderer Umstand hinzu, der die Vortheile eines Dampfers noch ungleich höher erscheinen läßt. Bei Windstillen nämlich oder auch gerade da, wo der Wind herkommt, bilden sich die besten Öffnungen im Eise und in beiden Fällen kann ein Segelschiff nicht vordringen, wird also gerade dort aufgehalten, wo ein Dampfer leichter das junge Eis, welches sich im Spätsommer bei Windstille zwischen den Schollen und Flarden bildet, durchbrechen, was einem Segelschiffe nur bei frischer Briese und günstigem Winde möglich wäre. Die Gefahr wird ebenfalls bei einem Dampfer dadurch bedeutend verringert, daß man überall den Eismassen ausweichen und Schutz finden kann, wo es einem Segelschiff nicht möglich sein würde.« [5]

Als Ergebnis dieser Feststellungen wurden die beiden Schiffe der zweiten deutschen Arktisexpedition, die HANSA und die GERMANIA, mit denen *Koldewey* 1869/70 weitere Erkundungsfahrten in der Arktis unternahm, mit Hilfsmaschinen ausgerüstet. Bei dieser zweiten Expedition ging die HANSA durch Eisdruck verloren. Die Besatzung konnte sich auf eine Eisscholle retten, mit der sie 200 Tage unter extremen Bedingungen driftete. Als die Eisscholle nur noch eine Größe von etwa 300 m^2 hatte, gelang es den Schiffbrüchigen, mit den Rettungsbooten ihres Schiffes die grönländische Küste zu erreichen.

Die Ausrüstung

»Überall zog ich Erkundigungen ein und berieth mich mit sachverständigen Männern über die zweckmäßige Art und Weise der Ausrüstung, wie auch des Vorgehens bei der ganzen Sache.« [5]

Zur Ausrüstung der Jacht gehörte die notwendige Reserve, damit Takelwerk und Segel ausgewechselt werden konnten. Als Ersatzsegel wurden ein weiteres Sturmgroßsegel, eine Stagfock und ein Klüver mitgenommen. Ein Reserveruder, mehrere verschiedene Eisanker unterschiedlicher Größe, 45 Faden (82,3 m) Ankerkette, Gien- und Taljeblöcke waren zu verstauen. Die Königlich-Preußische Regierung stellte 12 Zündnadelgewehre und 8000 Patronen zur Verfügung. Diese Gewehre sollten vor allem dazu dienen, den Frischfleischvorrat durch die Jagd von Meerestieren zu ergänzen. Auf die nautische Ausrüstung wurde selbstverständlich ein besonders großer Wert gelegt. Allein fünf Kompasse standen an Bord zur Verfügung. Darunter befanden sich drei Steuerkompasse, vermutlich Trockenkompasse, in Holzkästen mit kardanischer Aufhängung befestigt. Die anderen beiden waren Azimutkompasse, die vorwiegend zum Bestimmen von Mißweisungen dienten. Zur astronomischen Ortsbestimmung benutzte *Koldewey* zwei Chronometer, eines von dem bereits erwähnten Dr. *Beusing*, das andere von der Steuermannsschule Bremen leihweise zur Verfügung gestellt. Ein Spiegelprismenkreis und ein Sextant dienten der Ortsbestimmung. Zur Instrumentenausrüstung gehörten außerdem: ein Quecksilberhorizont mit Glasdach; ein Glashorizont mit Libelle; ein Quecksilbergefäß-Barometer; drei Thermometer (Reaumur) und ein Tiefseetemperaturmesser.

Selbstverständlich befanden sich die wichtigsten und neuesten Seekarten und Segelhandbücher an Bord. Welchen Wert man auf die Exaktheit der Instrumente legte, gibt *Kol-*

dewey in seinem Bericht über die Reise an. »Der Gang der Chronometer wurde in Bergen vom Chronometermacher *Iversen* bestimmt und dieselben dann am Tage vor unserer Abreise an Bord gebracht und in der Kajüte nach vorn so nahe am Schwerpunkt des Schiffes wie möglich befestigt. Die übrigen Instrumente wurden sämmtlich am Lande nachgesehen und die meteorologischen mit den Normalinstrumenten der Hamburger Seewarte verglichen.« [5]

Wenn man diese Aufzählung der Instrumente mit der Ausrüstung späterer Expeditionen vergleicht, so wird deutlich, wie einfach die Mittel und wie groß der Mut und das Selbstvertrauen im vorigen Jahrhundert auf Reisen ins Unbekannte waren.

Man konnte sich damals und kann sich auch heute immer nur auf die Erfahrungen seiner Vorgänger stützen. Nur sind heute Wissenschaft und Technik wesentlich weiter entwikkelt. Damit ist auch die Sicherheit für das menschliche Leben auf See gewachsen.

Die GRÖNLAND startete 1868 mit einer Besatzung von 12 Mann. Neben *Koldewey* nahmen zwei Nautiker (1. und 2. Steuermann), ein Zimmermann, sieben Matrosen und ein Koch an der Polarfahrt teil. Unter den sieben Matrosen befanden sich zwei Norweger, die bereits auf Robbenfängern Eismeererfahrungen gesammelt hatten.

Jedes Besatzungsmitglied erhielt warme Fellkleidung, ein Paar Schneeschuhe für das Vorwärtskommen auf dem Eis und zum Schutz für die Augen eine Schneebrille.

Der Proviant war größtenteils in Hamburg gekauft und per Dampfschiff nach Bergen transportiert worden. Obwohl die Reise nicht sehr lang sein sollte, nur wenige Wochen waren vorgesehen, wurde Proviant für 12 Monate mitgenommen. Er bestand aus »240 Dosen eingekochtem Fleisch (die Dose 6 Pfd. netto), ferner mehrere Anker (ein Anker ca. 35 l) mit saurem Kohl, braunem Kohl (Rotkohl), grünen Bohnen ... sowie auch eine Kiste mit allerlei Conserven und eingekochtem jungen Gemüse und zwei Fässern getrockneten Äpfeln und Pflaumen. All dieser Proviant erwies sich während der Reise als ganz vorzüglich und wir haben uns in Folge dessen auch immer sämmtlich einer ganz ausgezeichneten Gesundheit zu erfreuen gehabt.« [5] Während der Expedition konnte der Frischfleischvorrat durch das Erlegen von Robben und Eisbären ergänzt werden. Frisches Trinkwasser wurde aus salzfreiem Eis gewonnen. An Getränken waren nur 100 Flaschen Bier, 24 Flaschen Wein und zwei Fässer Branntwein an Bord. In der Regel trank man zu den Mahlzeiten Kaffee oder Tee. Nach besonders anstrengender Arbeit gab es auch mal einen steifen Grog zum Aufwärmen, wie es allgemein in der Seefahrt üblich ist.

Verlauf und Ergebnisse der Expedition

Das erste Programm für die Reise in das nördliche Polargebiet, das später wesentlich reduziert wurde, sollte drei Etappen umfassen: Erstens eine Land-Expedition zur Erkundung und Kartierung des Küstenverlaufes Ostgrönlands, zweitens eine See-Expedition. Sie sollte »in der ganzen Breite des europäischen Nordmeeres zwischen Grönland und Nowaja Semlja operieren und da nach Norden vordringen, wo sich das Meer am schiffbarsten und am meisten frei vom Eise erwies.« [5] Drittens war eine Überwinterung vorgesehen.

Man reduzierte jedoch dann das Vorhaben wesentlich. Der neue Plan sah vor, die Ostküste Grönlands nur von See aus zu erkunden und soweit wie möglich nach Norden vorzudringen. Eine Überwinterung war nicht mehr geplant, obwohl sich ausreichend Proviant an Bord befand. Stets mußte damit gerechnet werden, daß das Schiff im Eis festgehalten werden könnte.

Die Jacht GRÖNLAND verließ am 24. Mai 1868 den Hafen von Bergen und erreichte bereits Anfang Juni die Packeisgrenze vor Grönland. Ein Vordringen bis zur Küste war nicht möglich. Infolge der Eissituation änderte die Jacht den Kurs nach Norden und dann in Richtung Spitzbergen. Über die Feststellungen, die *Koldewey* unterwegs traf, gibt sein Reisebericht Auskunft: »Da unsere Reise einen wissenschaftlichen Zweck hatte, so waren natürlich unsere Arbeiten auch mehr mannigfaltiger Art wie auf gewöhnlichen Seereisen. Der Stand des Barometers wurde alle zwei Stunden abgelesen, wie auch die Temperatur der Luft und der Oberfläche des Meeres gemessen und ins Journal eingetragen wurden. Beobachtungen über Wind und Wetter, Farbe und Aussehen des Meeres wurden unausgesetzt angestellt, die Seetiefe gemessen, astronomische Ortsbestimmungen, so oft Gelegenheit dazu war, gemacht; kurz, es wurde Alles beobachtet und notiert, was mir irgend beobachtenswerth war. Außer den astronomischen Ortsbestimmungen stellten wir natürlich auch Beobachtungen an über die Deklination der Magnetnadel oder, seemännisch ausgedrückt, die Mißweisung des Kompasses durch Sonnenazimuthe, so oft sich nur Gelegenheit dazu bot... Die Änderung der Mißweisung von Ort zu Ort ist im Grönländischen Meere eine ganz bedeutende, wenn man auf einer Breitenparallele segelt... Leider wird auf den meisten unserer Kauffahrteischiffe noch zu wenig Gewicht auf die Bestimmung der Mißweisung durch eigene Beobachtungen gelegt. Gewöhnlich wird dieselbe aus den Karten entnommen und die örtliche Ablenkung dabei gar nicht berücksichtigt, was mit der Grund ist, daß oft so große Mißbestecke eintreten und Schiffe versegelt werden.« [5]

Die Ausdehnung der Eisgrenze wurde während der Fahrt sorgfältig kartiert, außerdem wurden Beobachtungen mit Treibholz gemacht, um daraus die Richtung und Stärke der Meeresströmungen feststellen zu können. Die Expedition umfuhr die Nordküste der Insel Spitzbergen, drang bis tief in die Hinlopen Straße vor und gelangte am 5. September 1868 nördlich von Spitzbergen bis zu einer Breite von 81°45′ N. Damit war eine geographische Breite erreicht, zu der vordem noch kein Schiff vorgedrungen war.

Das Packeis verhinderte die Fortsetzung der Fahrt nach Norden und zwang zur Umkehr. Der nahende Winter veranlaßte die Expedition zur Heimreise. Am 29. September wurde der Ausgangshafen Bergen erreicht. Hier gingen die beiden Norweger von Bord. Nach nur kurzem Aufenthalt startete die GRÖNLAND am 3. Oktober in Richtung Bremerhaven, wo sie am 10. Oktober unter großem Jubel der Bevölkerung empfangen wurde.

»Wir hatten gute und werthvolle Erfahrungen für die Eisschiffahrt gesammelt, das Schiff hatte sich als ein in jeder Beziehung brauchbares und starkes bewährt, die Mannschaft hatte sich als eine durchaus tüchtige und zuverlässige erprobt, sie war willig und thätig und für das Unternehmen interessiert.« [5]

Ein Nachteil für die Erkundungen war, daß gerade 1868 außergewöhnlich ungünstige Eisverhältnisse herrschten.

Als ein Ergebnis dieser Reise konnten praktische Erfahrungen in der Eisfahrt gesammelt und ausgewertet werden, was der Vorbereitung der Expedition mit den Schiffen GERMANIA und HANSA dienlich war. Schon im Jahr danach startete diese zweite Expedition.

Die Jacht GRÖNLAND als Museumsschiff

Bei der Planung der zweiten Expedition sollte wiederum die GRÖNLAND eingesetzt werden. Dann entschied man sich jedoch für die Schoner GERMANIA und HANSA, die beide mit einem Hilfsantrieb versehen und auch größer waren.

Für die GRÖNLAND fand sich vorerst keine

Verwendung. Im September 1871 erwarb ein Kapitän *Andersen* aus Norwegen die Jacht für genau die Hälfte des Preises, den seinerzeit *Koldewey* für das neue Schiff gezahlt hatte. In Deutschland geriet das Schiff in Vergessenheit. In den folgenden mehr als 100 Jahren wechselte die GRÖNLAND mehrfach ihren Besitzer, jedoch niemals ihren Namen. Das Wissen um die Bedeutung des Schiffes für die Polarforschung wurde von Besitzer zu Besitzer, von Generation zu Generation weitergegeben. Erst 1972 sollte es wieder in deutschen Besitz gelangen. In Kiel wurden notwendige Instandsetzungsarbeiten ausgeführt, ehe die alte, nun neue GRÖNLAND anläßlich der Segel-Olympiade im Sommer 1972 vorgeführt wurde. Es war eines der interessanten Schaustücke einer Ausstellung zum Thema Mensch und Meer. Nach Ende der Ausstellung gelang es dem Deutschen Schiffahrtsmuseum Bremerhaven, die Jacht zu erwerben.

Die GRÖNLAND wurde nach der Olympiade auf einer Bootswerft in Heiligenhafen gründlich überholt. Erfahrene Takler der Howaldt-Werft übernahmen die Arbeiten am Rigg, und Glückstädter Segelmacher fertigten neue Segel an. Schwimmend auf eigenem Kiel gelangte die GRÖNLAND nun in ihren neuen Heimathafen, in dem sie schon vor über 100 Jahren einmal beheimatet war. Viele Schaulustige und Ehrengäste, unter ihnen etliche, deren finanzielle Unterstützung die Erhaltung und Rekonstruktion des Schiffes erst ermöglichten, hatten sich zum Empfang des Veteranen eingefunden.

Nach den erfolgreichen Rekonstruktionsarbeiten beschloß das Schiffahrtsmuseum Bremerhaven, den Oldtimer in fahrbereitem Zustand zu belassen. Das Schiff wird heute gepflegt, betreut und gesegelt von einer Gruppe Shiplovers. Wenn es nicht auf Segeltörn ist, liegt es neben den anderen Museumsschiffen im Alten Hafen als Überbleibsel einer Zeit, in der man noch von »eisernen Matrosen auf hölzernen Schiffen« sprach. Es ist eines der ältesten noch auf eigenem Kiel schwimmenden und fahrbereit ausgerüsteten Schiffe.

GRÖNLAND	
Bauwerft:	Skonewig, Norwegen
Baumeister:	Tollef Tollefsen
Baujahr:	1867
Typ:	Jacht, auch als nordische Jacht bez.
Länge über alles:	19,64 m
Länge z. d. L.:	17,08 m
Breite:	6,06 m
Tiefgang CWL:	2,30 m
Verdrängung auf CWL:	76,68 m^3
Segelfläche:	ca. 315 m^2
Segelflächen:	Großgaffelsegel, Stagfock, Breitfock, Klüver, Außenklüver, Gaffeltoppsegel, Rahtoppsegel
Besatzung:	12 Mann

Mit der FRAM zu den Polen

Der Norweger *Fridtjof Nansen* hatte bereits einige Erfahrungen in der Arktis gesammelt, als er der Norwegischen Geographischen Gesellschaft seinen Plan für eine Arktisexpedition vorlegte.

Nach einem nicht abgeschlossenen Zoologiestudium ließ er sich mit einundzwanzig Jahren auf einem Robbenfänger anheuern, der vor der grönländischen Küste arbeitete. Auf dieser Reise begegnete ihm die VEGA, das ehemalige Expeditionsschiff *Nordenskjölds*, mit dem 1878 erstmals eine Passage des Nordmeeres vom Atlantik bis zur Beringstraße gelungen war.

Nach einigen Jahren praktischer und theoretischer Studien als Konservator für Zoologie am Bergener Museum, bereitete *Nansen* 1887 eine Skitour über das Inlandeis Grönlands vor. An dieser unter extrem schweren Bedingungen durchgeführten Expedition nahmen insgesamt sechs Mann teil, neben *Nansen* auch *Otto Sverdrup*, später der erste Kapitän der FRAM. Einem Zeitungsbericht hatte *Nansen* die Information entnommen, daß man 1884 einige Gegenstände des amerikanischen Forschungsschiffes JEANETTE, das im Juni 1881 in der Nähe der Wrangelinsel gescheitert war, an der Südwestküste Grönlands gefunden hatte. Man war der Ansicht, daß diese Gegenstände mit dem Eis durch das Polarmeer getrieben waren. Auch andere Funde, z. B. Treibholz, bestätigten diese Annahme. *Nansen* wollte nun die Strömungen des Polarmeeres erkunden.

Im Februar 1890 erläuterte er erstmals seine Vorstellungen von einem Schiff, das für eine Arktisexpedition geeignet wäre, ohne dabei vom Eisdruck zertrümmert zu werden. Es sollte so klein und so stark wie möglich sein. Neben einer Besatzung von 12 Mann sollte es Kohlen und Proviant für fünf Jahre aufnehmen können. Vorgesehen war eine vollständige Segelausrüstung und eine Maschinenanlage, die eine maximale Geschwindigkeit von 6 kn ermöglichen sollte. Sie war notwendig, um mit dem Schiff auch bei Treibeis noch gut manövrieren zu können.

»Das Wichtigste aber ist, das Fahrzeug so zu bauen, daß es dem Druck des Eises standhalten kann. Die Seiten müssen so schräg sein, daß sie von sich zusammenschiebendem Eis nicht zerdrückt werden, wie es bei der JEANETTE und anderen Fahrzeugen geschehen, die an arktischen Expeditionen teilgenommen haben, sondern das Schiff statt dessen hochgehoben wird.« [7]

Nansens Plan fand in Norwegen großen Anklang. So konnte er bald den zweiten Schritt bei der Vorbereitung der Expedition tun, nämlich die Bereitstellung von Mitteln für die Finanzierung des Schiffes und der Ausrüstung beantragen. Das norwegische Parlament bewilligte die zunächst geschätzte Summe von 200000 Kronen im Juni 1890. Da die Kosten um einiges höher lagen, stellte die Regierung weitere 80000 Kronen zur Verfügung. Einen weiteren Teil der Kosten erbrachten eine Sammlung der Geographischen Gesellschaft und Spenden von Privatleuten.

Konstruktion und Bau der Fram

Noch bevor die Mittel für die Expedition genehmigt worden waren, wandte sich *Nansen* an den Bootsbauer *Colin Archer* in Tolderodden bei Larvik mit der Bitte, den Bauauftrag für das Polarschiff zu übernehmen. *Archer* entstammte einer aus Schottland eingewanderten Familie. Im Laufe mehrerer Jahre entstanden auf seiner Werft zahlreiche Sport-, Rettungs- und Lotsenboote, die allgemein große Anerkennung unter den Fachleuten fanden. Seine Zeichnungen und Konstruktionshinweise, die er in Fachzeitschriften veröffentlichte, dienten auch anderen Schiffbauern als Arbeitsvorlagen.

Den ersten Entwurf für ein Expeditionsschiff, speziell für die Bedingungen in den arktischen Gewässern, gab *Nansen* bei »Åkers mekaniske Verkstad« in Kristiania (Oslo) in Auftrag. In zahlreichen Gesprächen erläuterte er den Konstrukteuren seine Vorstellungen. Der dort angefertigte Entwurf diente als Grundlage für Diskussionen mit erfahrenen Bootsbauern und Robbenfängerkapitänen, die sich in der Eisfahrt auskannten. Auch *Archer* erhielt diese Zeichnungen.

Gemeinsam mit *Sverdrup* reiste *Nansen* im Dezember 1890 nach Larvik, um mit *Archer* über den Bau des Schiffes zu beraten und ihn als Baumeister zu gewinnen. Nach anfänglichem Zögern, *Archer* hatte bis dahin nur kleinere Fahrzeuge gebaut, willigte er ein und übernahm den Auftrag.

Nansen, Archer, Sverdrup. Diese drei Namen stehen für die endgültige Konstruktion des Polarschiffes Fram, mit dem auf drei großen erfolgreichen Forschungsreisen in die Gewässer der Arktis und der Antarktis bedeutende wissenschaftliche Erkenntnisse gewonnen wurden.

Bevor *Archer* mit dem Bau begann, fertigte er allein drei unterschiedliche Modelle an, an deren Bauweise und Form sich zahlreiche Probleme diskutieren ließen. Gleichzeitig kümmerten sich *Nansen* und *Sverdrup* um die Beschaffung des Baumaterials, der Ausrüstung und der weiteren Finanzierung des Vorhabens. Auch der Transport des Holzes zum Werftplatz war zu organisieren. Es gab einen ständigen Kontakt zwischen dem Auftraggeber und der Werft.

Die Dimensionen und das Gewicht der Maschinenanlage waren bei der Berechnung der inneren Festigkeit des Schiffes zu berücksichtigen. Im Juli 1891 begann mit der Kiellegung der Bau des Schiffes. Unmittelbar danach wurden die Spanten aus italienischem Eichenholz (gewachsenem Krummholz) gerichtet, und die Außenhaut konnte beplankt werden.

Um die Arbeit auch im Winter fortführen zu können, ließ *Archer* das Schiff auf der Helling überdachen. So war das Holz vor Regen und Schnee einigermaßen geschützt, und man konnte auch in den Wintermonaten am Rumpf arbeiten.

Am 26. Oktober 1892 fand unter feierlichem Zeremoniell der Stapellauf des Polarschiffes statt. *Nansens* Ehefrau taufte das Schiff auf den Namen Fram (Vorwärts).

Die Fram war als Dreimastgaffelschoner gebaut worden. Für den 31,50 m langen Kiel hatte man amerikanische Ulme verwendet. Die Länge des Schiffes in der Wasserlinie betrug 36,25 m, die Länge über alles 39,00 m. In der Wasserlinie war das Schiff 10,40 m breit; die maximale Breite, gemessen auf der Außenkante der Außenbeplankung ohne Eishaut, lag bei 11,00 m. Die Meßdaten des Schiffes geben eine Raumtiefe von 5,25 m an. Bei 4,75 m Tiefgang hatte der Schoner eine Wasserverdrängung von 800 t und war mit 402 BRT und 307 NRT vermessen. Die Eichenspanten, deren Abstand zueinander 60,96 cm betrug, bestanden jeweils aus zwei mit Bolzen verbundenen doppelten Balkenlagen von 25 bis 28 cm Stärke, deren Stöße mit flachen Eisenbändern verbunden wurden. Man verwendete hierbei in den Krümmungen naturgewachsene Hölzer, die wesentlich stabiler und auch elasti-

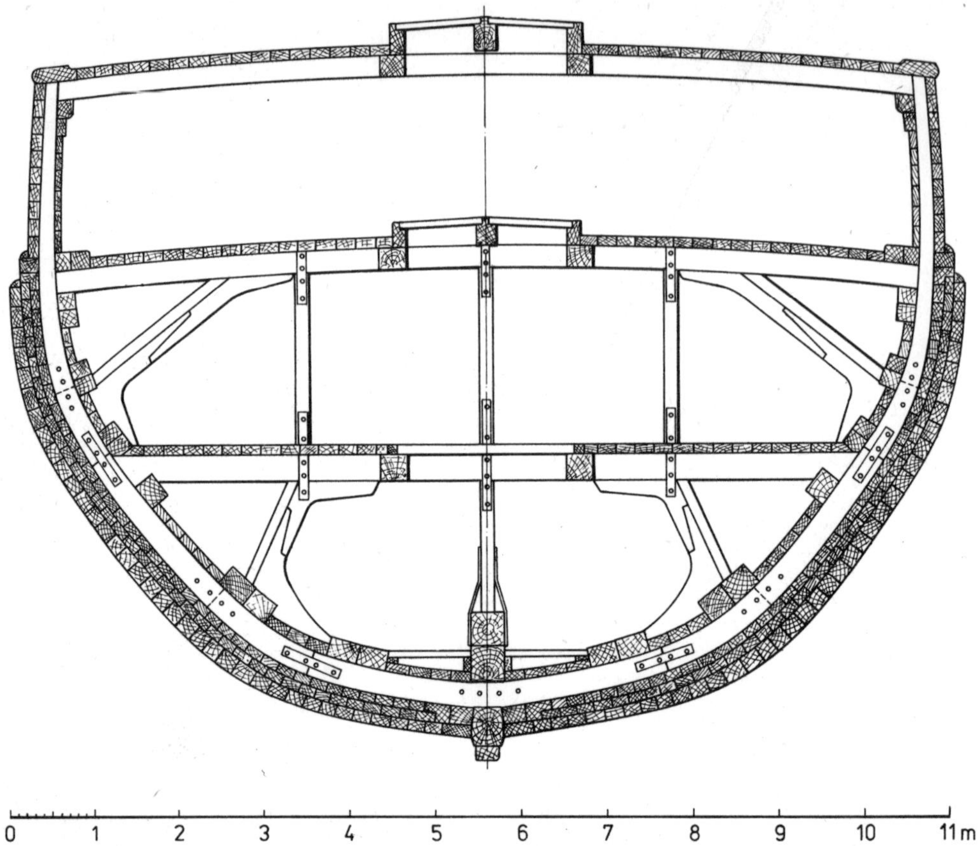

Fig. 3 Der Hauptspant der FRAM zeigt die stabile Konstruktion des inneren Gerüstes und die dreifache Beplankung

scher sind als mechanisch verformte Hölzer. Über die Spanten wurden in drei Schichten Außenhautplanken gezimmert. Der Vorsteven war durch ein Eisenprofil geschützt und die Außenhaut bis tief unter die Wasserlinie mit Flacheisen beschlagen. So war ein ausreichender Widerstand gegen den zu erwartenden Eisdruck gewährleistet. Die äußerste Plankenschicht, die sogenannte Eishaut, bestand aus dem besonders harten Greenheartholz.

»Der Rumpf erhielt ... runde Formen; Bug, Heck, Kiel – alles wurde abgerundet, damit das Eis nirgends einen günstigen Angriffspunkt finden konnte. Aus diesem Grunde wurde auch der Kiel so in die Schiffswände hineingebaut, daß nur 7 cm herausragten, die Kanten aber wurden abgerundet. Die Absicht war: das ganze Fahrzeug sollte glatt wie ein Aal aus der Umarmung des Eises gleiten.« [7]

Die Bordwände waren 71 bis 81 cm stark. Der Bug bestand aus drei eichenen Balkenlagen von insgesamt 1,25 m Stärke. Stabile Winkel aus Eisen bzw. aus Eichenholz verstärkten die Stevenkonstruktion von innen. Im Achterschiff befanden sich hintereinander zwei Schächte, in deren vorderem sich der Propeller und dahinter das Ruder befanden. Propeller und Ruder waren so befestigt, daß man sie bei gefährlichem Eisgang durch den jeweiligen Schacht an Bord hieven konnte. Weil das Heck wegen dieser Bauweise weniger stabil war, erhielt es, von außen aufgesetzt, eine stabilisierende Konstruktion aus Eisenprofilen. Das Ruder lag so tief, daß es von treibenden Eisschollen nicht beschädigt werden konnte. Die Zwischenräume zwischen den Spanten waren mit einer Masse aus Teer, Pech und Sägespänen ausgefüllt, die heiß eingegossen wurde und beim Erkalten erstarrte. Für die Decksplanken auf dem Poopdeck verwendete man norwegisches Föhrenholz von 7,5 bis 20 cm Stärke. Die FRAM hatte zunächst zwei durchgehende Decks etwa bis über die Schiffsmitte hin. Wegen der Größe der Maschinenanlage mußte das Deck über dem Maschinenraum um ca. 90 cm angehoben werden. Dadurch entstand auf dem Achterschiff bis zum Großmast ein Poopdeck. Die Planken des Hauptdecks bestanden aus amerikanischer und deutscher Eiche. Zahlreiche diagonal verlaufende Stützen, eiserne und hölzerne Knie, die im Schiffsinnern angebracht waren, gaben der gesamten Rumpfkonstruktion eine hohe Festigkeit. Über die Bauweise der FRAM schrieb *Nansen* in einem Bericht: »Das gesamte Innere des Schiffes ist demgemäß gleichsam mit einem inneren Netzwerk von Balken, Stützen und Streben angefüllt, die so angebracht sind, daß sie den Druck von außen aufnehmen und verteilen und das ganze Beiwerk versteifen.« [7]

Bei einer Havarie hätte sich das Schiff durch zwei Schotte, eines vor dem Maschinenraum, das andere hinter dem Fockmast, in drei wasserdichte Abteilungen teilen lassen.

Die Wohn- und Schlafräume für die Mannschaft befanden sich zwischen Großmast und Achterschiff in der Poop. Ein Deckshaus über der Kombüse, auf dem vorderen Teil der Poop, beherbergte den Kartenraum und einen kleinen Arbeitsraum. Die Kommandobrücke über dem Deckshaus nahm die gesamte Schiffsbreite ein. Vom Deckshaus führte backbord und steuerbord je eine Treppe zu den Kajüten. Die Wände in der Kombüse waren mit Zinkblech beschlagen, der Fußboden mit einer dünnen Schicht Blei belegt, auf dem sich Fliesen befanden.

Im Arbeitsraum befanden sich außer dem Werkzeug für die verschiedensten Reparaturarbeiten eine Hobelbank, eine Drehbank und eine Schmiedeesse. Das waagerecht angeordnete Ankerspill konnte manuell bedient werden. Während sich bei der ersten Reise die Steuervorrichtung auf dem Achterdeck befand, hatte die FRAM später ihre Hauptsteueranlage auf dem Brückendeck über dem Kartenraum, und das Steuer achtern diente nur als Reserve-Ruderanlage. Die Lenzpumpen bestanden aus Holz und wurden ebenfalls manuell betätigt.

Die FRAM führte auf der ersten Expedition acht Beiboote mit. Die zwei größten von ihnen waren 8,80 m lang und 2,20 m breit, mit Mast und Segel ausgerüstet, und hätten im Notfall die ganze Mannschaft aufnehmen können – mit Proviant und Ausrüstung für mehrere Monate. Vier kleinere stabile Boote, ähnlich denen der Robbenfänger, ließen sich mit einem kleinen Segel oder mit Riemen vorwärts bewegen. Sie hingen beiderseits der Bordwände in Davits. Ein norwegischer Prahm und ein kleines Motorboot lagen an Deck festgelascht.

Oberhalb der Wasserlinie hatte das Schiff einen weißen Anstrich. Das Unterwasserschiff war geteert. Das Deckshaus war leuchtend rot angestrichen, damit es im Eis der Arktis auch von weitem gut sichtbar war. Die Untermasten des Schiffes waren relativ hoch und schwer. Die Ausgucktonne unter der Spitze des Großmastes lag in einer Höhe von ca. 32 m über dem Wasser und bot eine weite Sicht. Die Takelung war so gewählt worden, daß sie leicht von Deck aus zu handhaben war.

Die Fram trug bei vollem Tuch insgesamt 11 Segel. Als Vorsegel wurden Vorstagsegel, Binnenklüver und Außenklüver gefahren. Der Fockmast hatte ein Schonersegel und konnte außerdem an zwei losen Rahen eine Breitfock und ein Toppsegel tragen. Über dem Schonersegel ließen sich zwischen Fock- und Großmast zwei Stagsegel setzen. Der Großmast und der Besanmast waren jeweils mit einem großen Gaffelsegel und einem Gaffeltoppsegel bestückt. Nach Angaben *Nansens* betrug die gesamte Segelfläche ca. 600 m^2. Die Takelung war »so einfach und so stark als möglich, sowie gleichzeitig so einzurichten, daß sie dem Winde einen möglichst geringen Widerstand leistete, wenn das Schiff unter Dampf ging.« [7]

Das stehende Gut bestand aus Stahltauwerk, während man für das laufende Gut Hanfleinen verwendete. Um das Vorschiff, zum Klüverbaum hin, sollten gespannte Netze verhindern, daß die mitgeführten Hunde über Bord gingen.

Die Masten, die Segel und die Maschinenanlage kamen Ende 1892 in Kristiania bei »Åkers mekaniske Verkstad«, wohin man das Schiff mit Schleppern bugsiert hatte, an Bord. Die Aufsicht bei diesen Arbeiten oblag dem Kapitän *Sverdrup*.

Die Antriebsanlage bestand aus einer Dreifach-Expansionsmaschine mit einer Leistung von 220 iPS. Diese Maschine konnte bei Bedarf auch mit einem Zylinder bzw. mit zwei Zylindern laufen. »Auf diese Weise konnte die Maschine, indem man nur ein oder zwei Ventile drehte, nach Belieben in eine Compound-, eine Hochdruck- oder eine Niederdruckmaschine umgewandelt werden... Wenn wir die Maschine als Compoundmaschine benutzten, konnten wir nämlich der ›Fram‹ bei geringem Kohleverbrauch größere Fahrt geben, und wenn es galt, wurde das Eis auf diese Weise forciert.« [7] Das Gewicht der Maschine wurde mit etwa 420 t angegeben. Mit Dampfantrieb erreichte die Fram eine Durchschnittsgeschwindigkeit von 6 kn und unter Segeln von etwa 7 bis 8 kn. Der Kohleverbrauch lag bei ständig laufender Maschine bei 2,8 t pro Tag.

Ein großer Fortschritt bestand in der Installation einer Dynamomaschine zur Erzeugung von Strom für die Beleuchtung an Bord. Der Dynamo konnte erstens durch die Dampfmaschine und zweitens durch ein während der Eisdrift an Deck stehendes Windrad in Gang gesetzt werden. Man hatte zu seinem Antrieb sogar ein Göpelwerk für manuellen Antrieb mitgenommen, das jedoch nie genutzt wurde. Außerdem befand sich reichlich Petroleum in zahlreichen Tanks an Bord, das für die Heizung der Wohnräume wie auch zum Kochen verwendet wurde. Über die Kessel der Antriebsanlage sind leider keine Angaben zu finden.

Die erste FRAM-Expedition von 1893 bis 1896

Die Ausrüstung

Um eine gute Expeditionsmannschaft zusammenzustellen, bedurfte es einer sorgfältigen Auswahl von Bewerbern. Wichtig waren dabei nicht nur die Begeisterung für das Vorhaben und eine gute physische Verfassung. Nach Möglichkeit sollten auch Männer mit unterschiedlichen fachlichen Erfahrungen, mit verträglichem Charakter und einer guten Disziplin ausgewählt werden, Männer, die bereit waren, auch unter den extrem schweren Bedingungen an Bord eines Polarschiffes zu arbeiten und zu leben. *Nansen* hatte ursprünglich vor, eine Besatzung von insgesamt zwölf Personen an Bord zu nehmen. Schließlich waren es dann bei Reisebeginn dreizehn Mann.

Organisator und Leiter der Expedition war der einunddreißig Jahre alte *Nansen*. Ihm zur Seite stand Kapitän *Sverdrup*, mit dem ihn eine lange Freundschaft verband. Für die meteorologischen, astronomischen und magnetischen Beobachtungen war der Marineleutnant *S. Scott-Hansen* zuständig. Die gesundheitliche Betreuung oblag einem Studenten der Medizin. Er war zugleich für die botanischen Untersuchungen zuständig. Der Steuermann der FRAM hatte langjährige Eismeererfahrungen als Schiffer einer in Tromsö stationierten Jacht. Als Erster Maschinist wurde ein seit 25 Jahren bei der norwegischen königlichen Marine tätiger Obermaschinist in die Besatzungsliste eingetragen. Ihm standen ein erfahrener Schmied und ein Maschinist zur Seite. Ein Reserveleutnant der Marine übernahm den Posten des Heizers, nur um an der Expedition teilnehmen zu können. An Bord unterstützte er als meteorologischer Assistent die Beobachtungsarbeiten. Weitere fünf Besatzungsmitglieder teilten sich alle anderen notwendigen Arbeiten, wie das Kochen für die Besatzung, die seemännischen Arbeiten an Bord und Hilfeleistungen bei den wissenschaftlichen Erkundungen.

Untergebracht war die Besatzung in zwei Einmannkammern an Steuerbord und Backbord unter dem Poopdeck und in zwei Viermannkammern dahinter, von denen eine mit fünf Mann belegt werden mußte. Jedes Besatzungsmitglied unterzeichnete vor Antritt der Reise eine von *Nansen* formulierte Erklärung, die zu unbedingtem Gehorsam den Vorgesetzten gegenüber, zu Pünktlichkeit bei der Ausführung der Aufträge, zu Fleiß und Kameradschaft verpflichtete. Zwischen den Besatzungsmitgliedern sollten keine Unterschiede in der Behandlung gemacht werden. Für alle Mann an Bord stand der Salon als Aufenthalts- und Speiseraum zur Verfügung. Er befand sich mittschiffs zwischen den Einmannkammern und war der Mittelpunkt des täglichen Bordlebens. Bequeme gepolsterte Sofas luden zu gemütlichem Sitzen während der Freiwachen ein. Mitten durch den Salon ging der Besanmast, um den herum eine gepolsterte Sitzbank gebaut worden war. Alle Besatzungsmitglieder waren mit der gleichen warmen Kleidung ausgerüstet, alle erhielten die gleiche Verpflegung.

Zur Unterhaltung während der Freiwachen befand sich im Salon eine umfangreiche Bibliothek, die für jeden Geschmack etwas zu bieten hatte. Für die musikalische Unterhal-

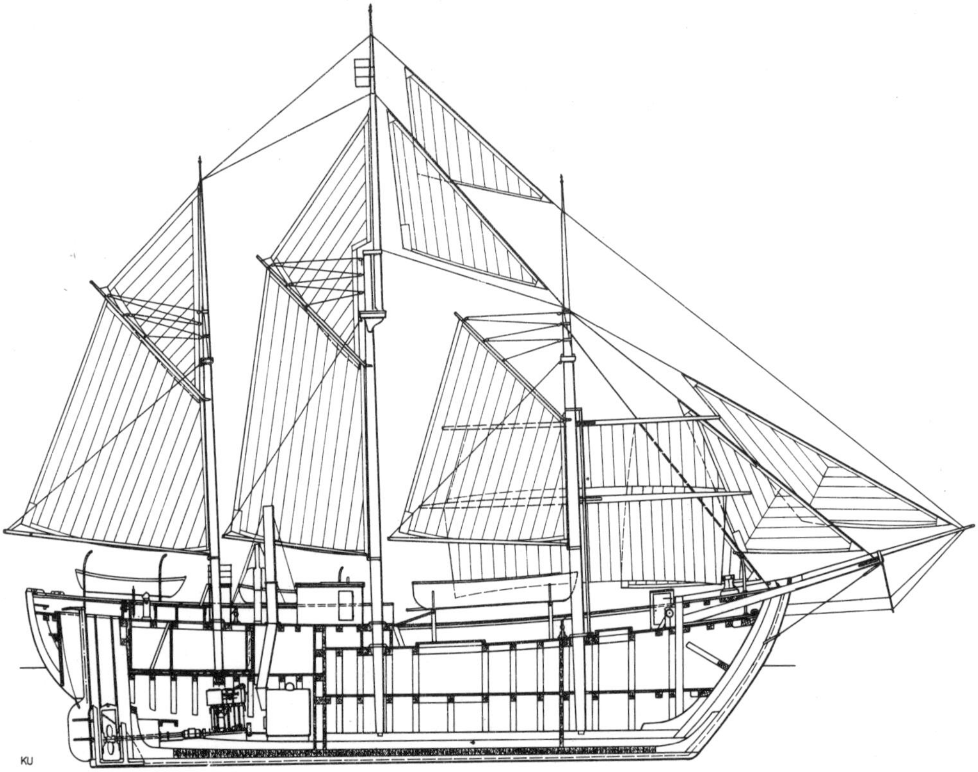

Fig. 4 Die Fram 1893 bis 1896

tung sorgte eine automatische Spielorgel mit einem Vorrat von über einhundert Melodien. Die Gestaltung des Salons entsprach dem modernen bürgerlichen Wohnmilieu jener Zeit in Norwegen. Sie war zweckmäßig angeordnet und strahlte Gemütlichkeit aus.

Für die wissenschaftlichen Forschungen an Bord der Fram standen alle erforderlichen Meßinstrumente zur Verfügung.

Den meteorologischen Beobachtungen dienten Thermometer, Barometer, Aneroiden, Psychrometer, Hygrometer und Anemometer. Verwendet wurde bereits ein Barograph, ein Barometer zum Messen des Luftdrucks, das die gemessenen Werte automatisch aufzeichnete. Das Psychrometer war ein Instrument zur Bestimmung der Luftfeuchtigkeit aus der Differenz der Temperaturanzeigen zwischen einem befeuchteten und einem trockenen Thermometer. Mit dem Haarhygrometer konnte man die relative Luftfeuchtigkeit durch die Längenänderung eines entfetteten Menschenhaares messen. Das Anemometer diente dem Messen der Windgeschwindigkeit. Für hydrographische Untersuchungen waren Wasserschöpfer und Tiefseethermometer an Bord. Man probierte ein neues Gerät aus, mit dem der Salzgehalt im Meerwasser bestimmt werden sollte. Eine vollständige Ausrüstung für magnetische Beobachtungen ermöglichte es, die magnetischen Erscheinungen nach ihrer Deklination,

Inklination und Intensität zu bestimmen. Mit einem Spektroskop ließen sich die Erscheinungsformen des Nordlichtes berechnen, mit einem Elektroskop die Elektrizität in der Luft feststellen. Auch ein Theodolit, das wichtigste Instrument für die Landvermesser, fehlte nicht auf dem Schiff. Es wäre dann verwendet worden, wenn man mit dem Schiff auf bisher unbekanntes Land gestoßen wäre.

Für die Auswahl der technisch-wissenschaftlichen Instrumente holte sich *Nansen* den Rat der entsprechenden Fachwissenschaftler, die auch an der Erarbeitung des Forschungsprogramms beteiligt waren.

Die 30 Hunde, die für die Schlittenfahrten auf dem Eis vorgesehen waren, stammten aus Ost-Jakutien und wurden erst in Chabarowa (zwischen Petschora- und Karasee an der Jugorski-Straße) an Bord genommen.

Verlauf und Ergebnisse der Expedition

Zur ersten großen Expeditionsreise verließ die FRAM am 21. Juli 1893 den Hafen Vardö in Nordnorwegen mit Kurs auf die Neusibirischen Inseln. Ihr erstes Ziel war Chabarowa. Am 4. August verließ das Schiff Chabarowa und segelte um die Südspitze von Nowaja Semlja herum in die Karasee. Von dort gelangte die Expedition weiter nach Osten, zum Kap Tscheljuskin bis in die Nähe der Neusibirischen Inseln, und zwar auf dem gleichen Weg, den 1878/79 *Nordenskjöld* genommen hatte. Hier änderte man den Kurs in Richtung Norden, um die Eisgrenze zu erreichen. Am 29. September geriet die FRAM bei dichtem Nebel in große Treibeismassen. Von nun an lag das Schiff im Eis festgeklammert, und man mußte sich auf die Überwinterung vorbereiten. Die Drift der FRAM, eingeschlossen in dicke Eisschollen, die zwei Jahre und 11 1/2 Monate dauern sollte, begann.

Die Karte zeigt den Kurs und die Drift der FRAM im Eis und den Weg, den *Nansen* und *Johansen* mit Hundeschlitten zurückgelegt hatten. Nach einem halben Jahr der Drift stellte man im September 1894 fest, daß das Schiff in dieser Zeit eine Entfernung von 350 km zurückgelegt hatte. Da man sicher war, daß die Drift des Eises auf einer weniger nördlichen Route verlief als ursprünglich angenommen, beschloß *Nansen*, das Schiff zu verlassen und gemeinsam mit einem Begleiter mit Hundeschlitten möglichst bis zum Nordpol vorzudringen. Er wählte dazu *Hjalmar Johansen* aus.

Die Vorbereitungen für die Schlittentour über das Eis wurden auf das sorgfältigste geplant und ausgeführt. Nach zwei Probefahrten mit den Hundeschlitten, auf denen sehr wichtige Erfahrungen gesammelt wurden, erfolgte der endgültige Start am 14. März 1895 mit drei Schlitten und 28 Hunden. Der Weg über das Eis erwies sich jedoch als sehr schwierieg und die Wetterbedingungen als sehr ungünstig, so daß *Nansen* und sein Begleiter *Johansen* sich am 8. April entschlossen umzukehren. Sie hatten zu dem Zeitpunkt eine Position von 86°14′ nördlicher Breite und 95° östlicher Länge erreicht, eine Entfernung zum Nordpol, zu der bis dahin noch kein Mensch vorgedrungen war. Ihr Ziel war es nun, auf dem Eis in südlicher Richtung bis zum Franz-Joseph-Land zu gelangen. Am 14. August betraten sie nach vielen Tagen voller Strapazen erstmals wieder Festland. In relativ eisfreiem Wasser erreichten sie mit ihrem Kajak die Südwestküste der Frederik-Jackson-Insel. Hier bauten sie sich zum Überwintern aus Steinen und Walroßhäuten eine Hütte. Der Aufenthalt beider Polarforscher in dieser sehr dürftigen Station dauerte bis zum 19. Mai 1896. Nach einer äußerst strapaziösen Reise, während derer sowohl *Johansen* als auch *Nansen* mehrmals in lebensbedrohliche Situationen geraten waren, stießen sie am 17. Juni 1896 auf die Station eines englischen Forscherteams

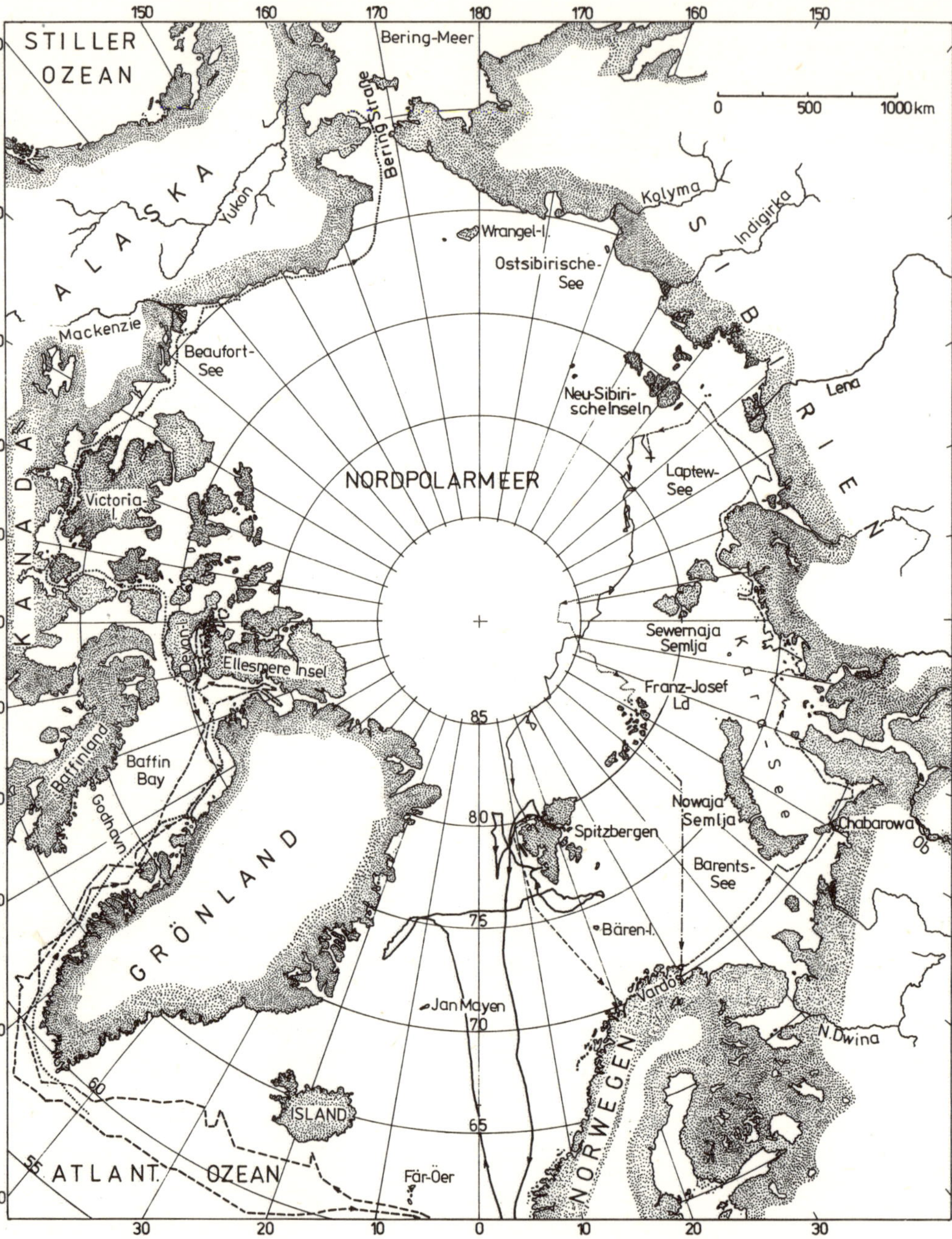

GRÖNLAND
FRAM, unter Sverdrup
GJØA
Fahrt der FRAM
Drift der FRAM
Nansens Schlittenreise
Nansens Fahrt mit der WINDWARD

Fig. 5 Die Fahrten der FRAM, der GJØA und der GRÖNLAND in der Arktis

unter Leitung von *Frederik Jackson* am Kap Flora, die schon seit zwei Jahren auf der Insel Northbrook, im südlichen Bereich des Franz-Joseph-Landes, eingerichtet war.

Das Versorgungsschiff der Forschungsstation, die WINDWARD, nahm einige Wochen später die beiden Männer mit nach Norwegen, wo sie am 13. August 1896 in Vardő, dem Ausgangshafen der Expedition, wieder heimatlichen Boden betraten.

Nur wenig später traf auch die FRAM wieder in Norwegen ein, jubelnd begrüßt von der Bevölkerung des Landes, die stolz auf die Leistung ihrer Landsleute war.

Während der Eisdrift gab es für die FRAM und ihre Besatzung im Januar 1895 eine sehr kritische Situation, bei der man befürchtete, daß der Druck des Eises das Schiff zerstören würde. Alle Ausrüstungsgegenstände und Vorräte wurden eilig auf das Eis gebracht. Die Mannschaft war in steter Bereitschaft, um das Schiff bei Gefahr sofort verlassen zu können. Über diese kritische Situation informierte *Nansen* in seinem Buch über die FRAM-Expedition folgendermaßen: »Zusammen mit diesem Eise (das sich 2,3 m hoch an der Backbordseite des Schiffes auftürmte) wurde die ›Fram‹ hinabgezwängt, während die andere Scholle auf dem Eise unter ihm in die Höhe drängte, sich gegen das Schiff warf und es mittschiffs angriff, solange es noch festgefroren war. Soweit ich es zu beurteilen vermag, hätte das Schiff kaum eine stärkere Pressung erfahren können, und es ist daher kein Wunder, daß es unter derselben ächzte; allein das Schiff hielt den Druck aus, brach los und hob sich wieder. Wer wird jetzt noch sagen, daß die Form des Schiffes von geringer Bedeutung sei? Wäre die ›Fram‹ nicht so wie sie ist entworfen, wir würden jetzt nicht mehr hier sitzen. Nirgends im Schiffe ist ein Tropfen Wasser zu finden...« [7] An anderer Stelle vergleicht er die Situation mit »einem Kampf zwischen Zwergen und einem Riesen, in welchem die Zwerge zur Schlauheit und List ihre Zuflucht nehmen müssen, um aus den Händen des anderen zu entkommen, der selten seinen Griff lockert. Die ›Fram‹ ist das Schiff, das die Zwerge mit all ihrer Schlauheit gezimmert haben, um den Kampf mit dem Riesen aufzunehmen, und an dessen Bord sie mit ameisenartigem Fleiß arbeiten, während jener es nur der Mühe werth hält, hin und wieder seinen Körper umzudrehen. Aber jedesmal, wenn er sich herumdreht, ist es, als ob die Nußschale zertrümmert und begraben werden und verschwinden soll. Die Zwerge haben jedoch so geschickt gebaut, daß die Nußschale immer flott bleibt und sich der tödlichen Umarmung entwindet.« [7]

An dem Tag, an dem *Nansen* und *Johansen* in Vardő wieder norwegischen Boden betraten, dem 13. August 1896, konnte die FRAM sich in der Nähe der Däneninsel aus der Umklammerung des Eises befreien und Kurs auf das heimatliche Norwegen nehmen. Am 20. August machte sie nach über dreijähriger Abwesenheit in dem Hafen Skjärwö die Leinen fest. Wenige Tage später wurden die Teilnehmer der Expedition in Oslo stürmisch gefeiert.

Über die Ergebnisse der Reise berichtete *Nansen*: »In erster Linie haben wir nachgewiesen, daß das Meer in der unmittelbaren Nachbarschaft des Pols, und in welchem nach meiner Meinung der Pol selbst aller Wahrscheinlichkeit nach liegt, ein tiefes Becken ist... Die Ausdehnung dieser Tiefsee ist eine Frage, die augenblicklich nicht leicht zu beantworten ist... Aus unserer Expedition, glaube ich, können wir uns jetzt einen ziemlich klaren Begriff machen von der Weise, wie das Treibeis beständig auf der Wanderung von der einen Seite des Polarbeckens nördlich von der Bering-Straße und der Küste von Sibirien, quer über die Regionen um den Pol nach dem Atlantischen Ozean, begriffen ist. Wo man einst eine feste, unbewegliche, massive Eisdecke anzunehmen geneigt war, die den nördlichsten Punkt der Erde als ein fester Eismantel bedecken sollte, finden wir jetzt ein ewig wanderndes, aufgebrochenes Treibeis.« [7]

Nansen stellte ferner fest, daß das Wasser unter dem Eis langsam in eine Richtung strömt.

Das Wasser unter dem Eis wurde in bezug auf seine Tiefe, seine Temperatur in unterschiedlichen Tiefen und seinen Salzgehalt untersucht.

Magnetische, astronomische und meteorologische Beobachtungen wurden sorgfältig notiert und nach Ende der Expedition von den entsprechenden Fachwissenschaftlern ausgewertet und veröffentlicht.

Und am Schluß seiner Einschätzung der FRAM-Expedition konstatierte *Nansen*: »An der Hand unserer Erfahrungen werden Forscher in der Lage sein, sich noch besser auszurüsten. Eine zweckentsprechendere Methode zur wissenschaftlichen Untersuchung unbekannter Regionen als die unserige läßt sich jedoch nicht denken. An Bord eines Schiffes dieser Art können Forscher sich ebenso behaglich niederlassen wie auf einer feststehenden wissenschaftlichen Station. Sie können ihre Laboratorien mit sich nehmen und die feinsten Untersuchungen jeder Art anstellen. Möge eine solche Expedition nicht allzu lange auf sich warten lassen!« [7]

Die zweite FRAM-Expedition von 1898 bis 1902

Schon wenige Tage nach Ende der ersten FRAM-Expedition schlugen der Konsul *Axel Heiberg* und die Gebrüder *Ringnes*, die großen Anteil an der Vorbereitung der ersten Forschungsreise hatten, vor, die FRAM zu einer neuen Expedition vorzubereiten. Als Leiter dieser zweiten Reise wurde Kapitän *Otto Sverdrup* gewonnen. Dazu äußerte *Sverdrup*: »Ich kann nur sagen, daß ich mich über das ehrenvolle Anerbieten freute. Auf der Karte dort oben im Norden war noch Verschiedenes weiß, auf das norwegische Farbe aufzusetzen mir sicherlich Vergnügen machen würde. Mit Dr. *Nansen* und meinen Reedern (Brauereibesitzer Gebrüder *Ringnes*) einigte ich mich über folgende Route für die neue Polarexpedition: Hinauf sollten wir durch den Smith-Sund und das Kanebecken, durch den Kennedysund und Robesonsund längs der Nordküste von Grönland so weit wie möglich nach Norden, um dort zu überwintern; von dort aus sollten Schlittenexpeditionen nach der Nordspitze von Grönland unternommen und darauf an der Ostküste soweit hinunter gefahren werden, als wir kommen könnten. Vom Vordringen zum Nordpol war keine Rede.« [9]

Damit war das Ziel der Reise genannt. Die FRAM, die im Besitz des norwegischen Staates war, wurde für diese Fahrt freigegeben, und die Regierung unterstützte das Vorhaben durch eine großzügige Summe zur Deckung der Unkosten für den notwendigen Umbau des Schiffes. Den Umbau nahm selbstverständlich *Colin Archer* auf seiner Werft in Larvik vor. Die Erfahrungen mit der FRAM während der ersten Expedition hatten gezeigt, daß es einige Mängel beim Einsatz des Schiffes gegeben hatte, die sich aber beseitigen ließen. So z. B. schlingerte das Schiff bei Seegang stark und nahm wegen des geringen Freibordes viel Wasser über. Auch hatten sich die Kammern für die Mannschaft als zu eng erwiesen.

Da zur zweiten Expedition eine größere Mannschaft gehören sollte, mußte mehr Raum für deren Unterbringung gewonnen werden. Das erreichte man durch den Bau eines Spardecks vom Maschinenraum bis zum Bug. Damit gewann man zugleich ein um 6 Fuß (1 Fuß = 0,3048 m) höheres Freibord mittschiffs und verhinderte, daß sich Wasser an Deck sammeln konnte. Durch den höheren Freibord würde vermutlich auch das Schlingern des Schiffes verringert. Um das Manövrieren im freien Fahrwasser zu erleichtern, ließ *Archer* unter den Schiffsboden einen »falschen Kiel«, 25 cm tief und 30 cm breit, setzen, der so angebracht war, daß er sich unter Druck bei schwerem Eisgang lösen konnte, ohne den eigentlichen Kiel zu beschädigen.

Unter dem neu aufgesetzten Vordeck gewann man Platz für einen geräumigen Salon für die Besatzung und für je drei Kammern an Steuerbord und Backbord, die von den teilnehmenden Wissenschaftlern und dem Leiter *Sverdrup* belegt wurden. Daran schlossen sich Werkstätten und Labors an. Sehr viel Überlegung kostete es, die Wärmedämmung in den Kammern und Aufenthaltsräumen zu verbessern. Der ursprünglich kürzere Fockmast wurde angehoben und auf eine Mastspur im unteren Deck gesetzt. Damit erhielt er nun die gleiche Höhe wie der Besanmast.

Bei der Kontrolle des Unterwasserschiffes stellte sich heraus, daß während der ersten Expedition keine nennenswerten Beschädigungen aufgetreten waren. Für das Hieven und Fallen des Ankers erhielt die FRAM jetzt ein stabileres eisernes Spill, das manuell, aber auch über eine Transmission von der Ladewinde aus bedient werden konnte.

Die Ausrüstung

Nach Abschluß der Anstricharbeiten konnte die Ausrüstung für die zweite Polarreise beginnen.

Die baulichen Veränderungen ergaben eine neue Vermessung von 510 BRT.

Die Ausrüstung begann im Oktober 1877. »Es wurden eine Menge kostbarer Instrumente bestellt, um die wissenschaftlichen Forschungen zu erleichtern, und der Proviant, der nach dem Reiseplan für zwei, drei Jahre reichen sollte, nahm während der Ausrüstungszeit solche Dimensionen an, daß wir, als wir abfuhren, für fünf Jahre genug hatten.« [9]

Die Ausrüstung folgte »ganz den Spuren der ersten Framreise, selbstverständlich mit den Veränderungen und Verbesserungen, welche die Erfahrungen auf jener ersten Reise uns gelehrt hatten.« [9]

Zur Besatzung dieser zweiten Reise gehörten neben dem Leiter *Sverdrup* zwei erfahrene Nautiker, ein Kartograph, ein Botaniker, ein Zoologe, ein Arzt, ein Geologe, ein Erster und ein Zweiter Maschinist und sechs Männer, die für die seemännischen Arbeiten und für Hilfsdienste zuständig waren. Insgesamt waren 16 Männer an Bord, als die FRAM am 26. Juni 1898 zu ihrer zweiten großen Polarreise, diesmal mit Kurs auf Grönland, auslief. Erst in Egedesminde und Godhavn (Westküste von Grönland) nahm man die vorher dort bestellten Schlittenhunde an Bord.

Verlauf und Ergebnisse der Expedition

Da *Sverdrup* an keinen festen Plan gebunden war, bestimmten die Eisverhältnisse den Kurs des Schiffes. Nachdem die FRAM Kap Farewell an der Südspitze Grönlands passiert hatte, ging die Fahrt durch die Davis-Straße und die Baffin-Bai in den Smith-Sund. An der Ostküste von Ellesmere-Land erfolgte die erste Überwinterung. Während dieser Zeit unternahmen die Expeditionsmitglieder in kleineren und größeren Gruppen per Schlitten oder mit den Beibooten Erkundungsfahrten in die Umgebung.

Besonders wertvoll waren die Kartierungsarbeiten, die in den wenig bekannten Gebieten gemacht werden konnten. Schwerpunkte der wissenschaftlichen Arbeiten waren meteorologische Untersuchungen, Beobachtungen der Gezeiten, die Tätigkeit des Geologen und des Zoologen sowie Messungen des Magnetismus. Alle Ergebnisse wurden in die Journale der Wissenschaftler eingetragen. Wegen der ungünstigen Eisverhältnisse mußte der Plan, die Insel Grönland ganz zu umrunden, aufgegeben werden. Im Jahre 1900 erkundeten und kartierten drei Gruppen mit Hundeschlitten den Jones-Sund, der bereits 1616 von der Expedition *William Baffins* entdeckt und beschrieben worden war.

Ende Mai 1900 hätte sich beinahe eine Katastrophe auf der FRAM ereignet. Vermutlich durch einen Funken aus dem Schornstein der Kombüse hatte sich die Persenning entzündet, die über das Deck gespannt war. Schnell griff das Feuer auch auf das Großsegel und etliche brennbare Gegenstände auf Deck, auf die Taljereeps und die Wanten über. Nur mit äußerster Anstrengung gelang es den an Bord gebliebenen Männern, ein Übergreifen des Feuers auf die Pulverkisten und auf einen an Deck befindlichen Petroleumtank zu verhindern. Nach einer halben Stunde konnte der Brand gelöscht werden.

Zwei weitere Überwinterungen der FRAM sollten noch folgen, ehe das Eis soweit zurückging, daß die FRAM heimreisen konnte. Erst im August 1902 kam das Schiff frei und konnte wieder Kurs auf Grönland nehmen. Nach kurzer Rast in Godhavn ging es weiter in Richtung Heimat. Am 18. September 1902 war die norwegische Küste erreicht, und einen Tag später die Stadt Stavanger. Von hieraus ging es im Schlepp des Flaggschiffes der Marine HEIMDAL nach Kristiania (Oslo), wo die FRAM und ihre tüchtige Besatzung mit viel Jubel empfangen wurden.

Das von der FRAM-Besatzung in vier Jahren erkundete und kartierte Gebiet hatte eine Größe von etwa 150000 km². Eine große Anzahl zoologischer Präparate, gesammelter Pflanzen, Fossilien und Gesteinsproben wurden von den Forschern den jeweiligen wissenschaftlichen Fachbereichen übergeben. Die Auswertung des gesammelten Materials beschäftigte etwa 30 Wissenschaftler 20 Jahre lang, bis das Ergebnis der Forschungsreise in fünf reich bebilderten Büchern veröffentlicht wurde. *(Report of the second Norwegian arctic Expedition in the »Fram« 1898–1902. / Bericht über die 2. norwegische Arktisexpedition der »Fram« 1898–1902.)*

Die von *Sverdrup* im Namen des Königs von Norwegen in Besitz genommenen Inseln und Gebiete gelangten später in den Besitz Kanadas. Über die zweite norwegische Arktisexpedition schrieb *Sverdrup* mit tatkräftiger Unterstützung des Schriftstellers *Jacob Breda Bull* einen zweibändigen Bericht, der 1903 unter dem Titel *Neues Land* veröffentlicht wurde. Die Erfahrungen *Sverdrups* auf seiner großen Polarreise dienten später auch *Amundsen* für die Ausrüstung seiner Expedition, der 3. Expedition des Forschungsschiffes FRAM.

Die dritte FRAM-Expedition von 1910 bis 1912

Nach *Sverdrups* Rückkehr lag die FRAM einige Jahre auf der Marinewerft in Horten bei Oslo ohne besondere Verwendung. 1903 ließ man den Kiel und die Steven mit Zinkblech beschlagen und die Eishaut mit einer Schutzschicht aus Kohlenteer und Kupferblech umkleiden. Eine neue Polarreise war vorerst nicht geplant, jedoch sollte das Schiff für eine spätere Reise gut konserviert werden, um Schäden am Unterwasserteil während der langen Liegezeit auszuschließen. Zeitweilig diente das inzwischen abgerüstete Schiff als schwimmendes Munitionslager der Marine. Durch ein Feuer ging 1905 ein großer Teil der in einem Lagerschuppen bewahrten Ausrüstung verloren. Das betraf besonders die Segelausrüstung und das Takelzubehör. Kurze Zeit später beriet man, ob es zweckmäßig wäre, das Schiff auf Land zu setzen und es als Museumsschiff für die Öffentlichkeit zur Verfügung zu stellen. Bei dem großen Interesse der Bevölkerung für die Reisen des Schiffes und die Leistung seiner Mannschaften für Norwegen war es sicher, daß diese Nutzung großen Anklang finden würde. Berechnungen ergaben jedoch, daß das Schiff zu schwer und eine geeignete Slipvorrichtung in Oslo nicht vorhanden war.

Obwohl *Nansen* schon lange an eine Antarktisreise dachte, lag ihm auch die weitere Erkundung der Nordpolregion am Herzen. Da trat *Amundsen* mit großen Forschungsplänen an ihn heran. *Amundsen,* geboren 1872, war bereits als junger Mann mit der belgischen Expedition unter *Adrien de Gerlach de Gomery* als Steuermann auf der BELGICA 1898/99 in die Antarktis gereist. Die belgische Expedition war die erste, die durch das Einfrieren im Packeis gezwungen war, in der Antarktis zu überwintern.

Nach seiner Rückkehr plante *Amundsen* eine eigene Expedition, deren Ziel es war, die genaue Lage des magnetischen Pols der Nordhalbkugel zu ermitteln. Mit der nur 47 t großen Sloop GJØA verließ er am 16. Juni 1903 mit nur sechs Begleitern Norwegen. Und diesen mutigen Leuten gelang das, was bisher noch niemand geschafft hatte. Sie erreichten drei Jahre später, am 31. August 1906, als erste über die Nord-West-Passage den Stillen Ozean.

Nach der Rückkehr aus Amerika plante *Amundsen* eine neue Expedition in die Arktis. Er wollte als erster Mensch zum Nordpol gelangen und fortsetzen, was *Nansen* begonnen hatte. Er wollte das Eis und die Strömungen des Nordpolarmeeres von der Beringstraße aus erkunden.

Einen Auftrieb bei seinen Vorbereitungen erhielt er, als *Nansen,* bei Zurückstellung seiner eigenen Reisepläne, ihm riet, für die geplante Expedition die FRAM zu nutzen. Die norwegische Regierung bewilligte diese Pläne und stellte 75000 Kronen für die Reparatur und Ausrüstung der FRAM zur Verfügung.

Der Umbau und die Ausrüstung

Die FRAM war inzwischen 15 Jahre alt und überholungsbedürftig. Eine Untersuchung des Schiffskörpers im Dock von Horten durch *Archer* und *Amundsen* ergab, daß sich der gesamte Rumpf bis zum Wohndeck, innen wie außen, in einwandfreiem Zustand befand. Ein großer Teil der Decksaufbauten mußte jedoch erneuert werden. Besonders die Isolierschichten aus Kork, Rentierhaaren, Filz und Linoleum hatten im Laufe der Zeit durch die eingedrungene Feuchtigkeit zu faulen begonnen. Beim unteren Deck hatten nur die Hölzer an den Mastlöchern durch eingedrungene Feuchtigkeit Schaden genommen. Auch das Föhren- und Tannenholz der Wände in den Wohnräumen mußte erneuert werden.

Zunächst wurden alle Holztäfelungen und Innenhölzer aus Nadelholz ausgewechselt und isoliert. Das alte Holz erhielt einen konservierenden Anstrich aus Karbolineum oder Teer. Die Veränderungen im Inneren betrafen vorwiegend den Bereich der Maschinenanlage. Wesentlich neu war der Einbau eines direkt umsteuerbaren Diesel-Motors mit vier Arbeits- und zwei Luftpumpenzylindern mit einer Leistung von 180 PS. Der Vorteil dieser neuen Antriebsanlage bestand in ihren geringen Dimensionen, im geringen Wartungsaufwand und in den besseren Umsteuermöglichkeiten beim Manövrieren des Schiffes im Eis. Für die Expedition bunkerte die FRAM 90 t Öl in mehreren verschieden großen Tanks. Die Größe der Tanks war den Staumöglichkeiten entsprechend variabel gewählt worden. Der Vorrat reichte etwa für 2273 Stunden Motorlauf-

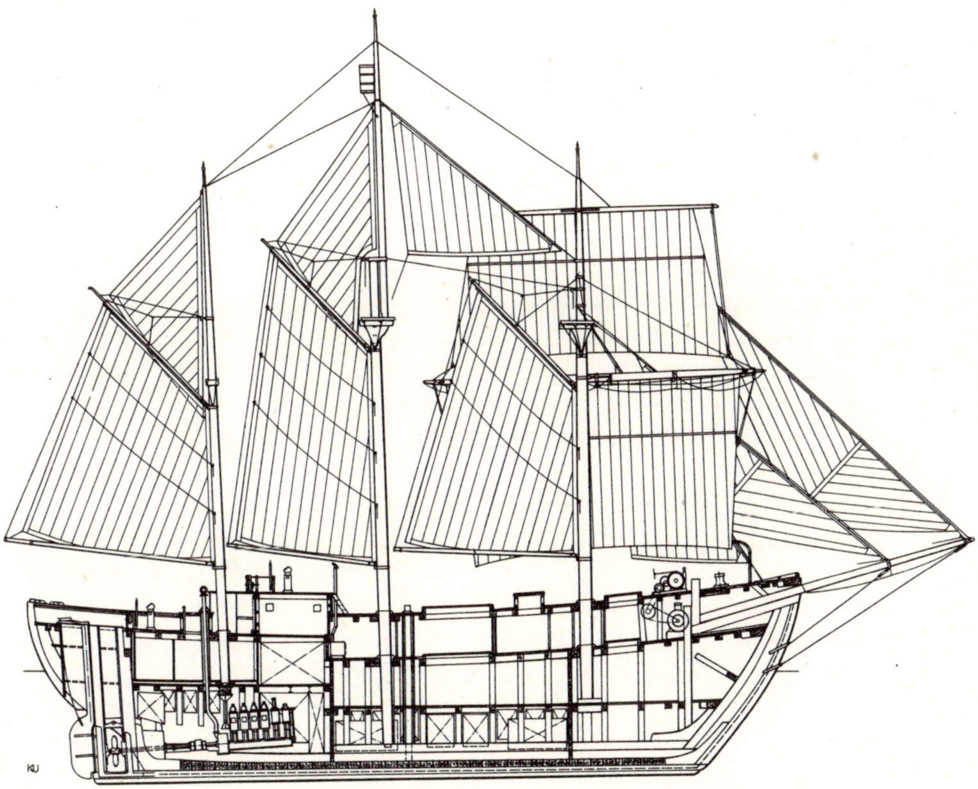

Fig. 6 Die FRAM nach dem Umbau zur dritten Expedition

zeit (oder rund 95 Tage bzw. 18000 km) ohne nachzubunkern. Das Schiff lief mit Motorantrieb etwa 4,5 kn. Ein Nachteil war, daß der relativ kleine Propeller (1,75 m Durchmesser) trotz hoher Umdrehungszahl nur wenig Wirkung besaß. Der Steventeil, in dem sich der Propeller befand, mußte wegen des zu befürchtenden Eisdruckes besonders stark gebaut sein und verdeckte den Propeller teilweise, so daß die Vortriebsleistung nicht voll wirksam werden konnte.

In dem Raum, in dem sich der neue Motor befand, war früher die Maschinen- und Kesselanlage mit den Kohlenbunkern untergebracht. Das Öl wurde über Schläuche mit Hilfe einer Flügelpumpe zum Motor befördert.

In Höhe des Besanmastes lag die Achtermesse, an die sich acht Kammern für die Mannschaft anschlossen. Mittschiffs folgten ein großer Arbeitsraum und die Kombüse. Zwei Türen führten vom Arbeitsraum, in dem sich viele Geräte und Werkzeuge befanden, in die vordere Messe, und man gelangte von dort weiter zu den Kammern im Vorschiff. Auf dem Hauptdeck, in unmittelbarer Nähe der Vorderluke, befand sich eine Kammer für die Aufbewahrung der Pelzkleidung. Die Kammer war innen mit Zinkplatten benagelt, damit keine Feuchtigkeit eindringen konnte. Vor ihr lag die Antriebsanlage für das Ankerspill, ein Einzylinder-Bolindermotor (15 PS). Ein davor stehender Tank enthielt das Kühlwasser für den Motor.

Die Schächte für den Propeller und das Ruder wurden mit einem Schutzgitter abgedeckt. Ein Reserveruder vor dem Schraubenschacht konnte bei Ausfall der Hauptruderanlage genutzt werden. Über Kartenhaus und Laborraum mittschiffs sowie über zwei seitlichen Räumen war um den Besanmast herum die Kommandobrücke mit dem Ruderstand und dem Maschinentelegraphen angeordnet. Sie war etwas weiter nach achtern versetzt als auf der ersten Reise. Vom Kartenraum aus konnte man über einen schmalen Niedergang in den Maschinenraum gelangen.

Die bei dem Brand des Lagerhauses vernichteten Segel und Takelageteile wurden neu angefertigt und angebracht. Dabei nahm man gleich einige Veränderungen an der Takelage vor. Dadurch wurde das Schiff zum Toppsegelschoner mit Breitfock.

Die Segelfläche betrug jetzt etwa 618 m^2. Die Segeleigenschaften der FRAM kennzeichnete *Amundsen* folgendermaßen: »Das Schiff war kein Renner, aber auch durchaus keine Schnecke.« [1] Unter günstigen Windverhältnissen lief es bis zu 9 kn, eine durchaus akzeptable Geschwindigkeit.

Sechs Beiboote führte die FRAM auf ihrer dritten Reise mit: ein großes Beiboot, das schon von *Nansen* genutzt worden war, drei Walboote und je einen größeren und einen kleinen Prahm, die an den Bordseiten in Davits hingen. Für die Heizung der Wohn- und Arbeitsräume verwendete man Ölheizöfen mit Rohrleitungen, die an den Wänden entlang führten. Weil der alte Besanmast gerissen war, wurde ein neuer gesetzt.

Die schützende Zinkblechhaut, die man während der Werftliegezeit aufgesetzt hatte, ließ *Amundsen* wieder entfernen. Er befürchtete, das Blech könnte vom Eis aufgerissen werden und ein Heben des Schiffes bei Eispressungen verhindern. Die Anker wurden durch neue, schwerere ersetzt. Über das ganze Schiffsdeck ließen sich Sonnensegel spannen. Eine Maßnahme, die für den Aufenthalt in den Tropen Schatten und Kühlung versprach. Das war wichtig auch für die Lebensbedingungen der Schlittenhunde, die an Deck angebunden waren.

Da das Schiff beim Segeln sehr luvgierig war, ließ man das Achterschiff mit Eisenballast beschweren, um so besser am Wind segeln zu können.

1910, bei Beginn der Reise, tauchte das Schiff mit voller Ausrüstung vorn 5,15 m und achtern 5,91 m tief ein. Die neu ermittelte

Wasserverdrängung, gemessen außen auf der Eishaut, betrug 1100 t.

Amundsen hatte ursprünglich vor, mit der FRAM durch den Atlantik nach Süden zu fahren, Kap Hoorn zu umrunden und durch den Pazifik nordwärts die Beringstraße zu erreichen. Von der letzten amerikanischen Station Point Barrow aus sollte die Fahrt in Richtung Nord-Nord-West bis an die Packeisgrenze führen, und das Schiff sollte mit der Eisdrift soweit nördlich vordringen, wie es in vier bis fünf Jahren möglich sei. Die Ausrüstung für die Eismeerfahrt wollte er ursprünglich erst in San Francisco an Bord nehmen.

Im September 1909, also noch mitten in den Reisevorbereitungen, traf die Nachricht von der Bezwingung des Nordpols durch den Amerikaner *Peary* in Oslo ein. *Amundsen* schrieb: »In demselben Augenblick war ich mir auch vollständig klar darüber, daß der ursprüngliche Plan der dritten Framfahrt – die Erforschung des Nordpolarmeeres dicht um den Pol herum, des ›Nordpolbeckens‹ – auf dem Punkte war zu scheitern. Jetzt mußte rasch und ohne Zögern gehandelt werden, wenn unser Unternehmen gerettet werden sollte. Und ebenso schnell als das Kabel uns die Neuigkeit zugeführt hatte, ebenso schnell war ich auch entschlossen, die Richtung meiner Fahrt zu ändern – nämlich ganz umzudrehen und den Kiel der ›Fram‹ nach Süden zu wenden.« [1]

Amundsens Absicht war es nun, als erster den Südpol zu erreichen. Ein Teil der Schiffsbesatzung der FRAM sollte inzwischen umfangreiche ozeanographische Beobachtungsaufgaben erledigen. Vor Beginn der Reise informierte *Amundsen* nur den Kapitän der Expedition *Thorvald Nilsen* über die geänderten Pläne.

Er befürchtete, daß die norwegische Regierung und auch *Nansen* kein Verständnis für seine ehrgeizigen Pläne haben würden und die Expedition noch im letzten Moment untersagen könnten. So war es recht schwierig für ihn, die dem neuen Vorhaben entsprechende Ausrüstung ohne Aufsehen zu erregen, an Bord zu bekommen. Das Schiff wurde daher schon in Norwegen vollständig ausgerüstet. Sorgfältig wurde der Proviant ausgewählt und auf seine zweckmäßige Verpackung und Lagerung an Bord geachtet. Man nahm eine neue, nahrhaftere Sorte Pemmikan, die zu der Zeit für die Armee entwickelt worden war, als Verpflegung mit. Eine andere Art Pemmikan mit Anteilen von Fisch, Fleisch, Fett und Milchpulver wurde als Nahrungsmittel für die Hunde an Bord genommen. Unter *Amundsens* Aufsicht wurde auch die Bekleidung für alle Teilnehmer der Expedition beschafft. Ein Teil der Bekleidung und auch das Bettzeug für die Kojen stammte aus der Kleiderkammer der Marine und wurde kostenlos bereitgestellt. Zahlreiche private Geschäftsleute übergaben kostenlos Dinge des täglichen Bedarfs, so z. B. Papier, die Küchenausrüstung mit Geschirr, Besteck und Gläsern, einen großen Teil der Bordbibliothek, Spiele für die Freizeitbeschäftigung und Musikinstrumente. Auch Weine und Spirituosen trafen als Geschenke ein. Über den Genuß von alkoholischen Getränken war *Amundsens* Meinung folgende: »Ich persönlich halte den Alkohol, mit Maß genossen, in den Polargegenden geradezu für eine Arznei; damit meine ich natürlich, solange man sich im Winterlager aufhält. Ganz anders ist es auf Schlittenreisen. Da muß der Alkohol verbannt werden, das wissen wir alle aus eigener Erfahrung. Aber nicht, weil ein Gläschen Schnaps etwa schaden könnte, sondern aus Rücksicht auf das Gewicht und den Platz.« [1]

Bei der Auswahl der medizinischen Ausrüstung ließ *Amundsen* sich von Medizinern und Apothekern fachlich beraten. Da kein ausgebildeter Arzt mitreiste, wurde ein Mitglied der Besatzung vorher im Zähneziehen und in der Krankenbehandlung unterwiesen.

Auch die wissenschaftlich-technischen Meßinstrumente wurden von Fachleuten, unter ihnen selbstverständlich *Nansen*, ausgewählt. Die Expeditionsteilnehmer ließen sich vor der Reise in deren Handhabung unterweisen.

Ein sehr wichtiger Bestandteil der Ausrüstung war das Haus, das später auf dem Eis errichtet werden sollte. Es hatte eine Länge von acht m, eine Breite von vier m und war etwa sechs m hoch. Es wurde so vorgefertigt, daß es in kurzer Zeit aus den vormontierten Einzelteilen zusammengebaut werden konnte. Zu bedenken gab es vorher Probleme bei der Verankerung der tragenden Pfosten im Eis und bei der Isolierung der Wände gegen die Kälte. Auch die gesamte Inneneinrichtung der Station war zu beschaffen und an Bord zu verstauen. Für das Kampieren auf dem Eis wurden 15 Zelte für je 16 Mann und sechs Dreimannzelte mitgenommen.

10 Schlitten, wie sie *Nansen* bereits in der Arktis benutzt hatte, gehörten zur Ausrüstung.

Alle diese Ausrüstungsgegenstände wurden natürlich nach einem sorgfältig vorbereiteten Stauplan untergebracht. Es galt zu überlegen, in welcher Reihenfolge die verstauten Dinge wieder hervorgeholt werden mußten, zur Benutzung oder zum Verbrauch. Das Schiff sollte durch tropische Zonen reisen, in denen alles an Bord einer großen Hitze ausgesetzt war. Auch die Ausrüstung der Schlitten mit Zelten, Schlafsäcken, Proviant und technischen Geräten wurde vor Reisebeginn in Kisten verstaut, um nicht am Ziel erst zusammengesucht zu werden. »An lebenden Wesen waren bei der Abfahrt von Norwegen an Bord: 19 Mann, 97 Hunde, 4 Schweine, 6 Brieftauben und 1 Kanarienvogel.« (Kapitän *Nilsen* in seinem Bericht *Von Norwegen durch den Atlantischen Ozean.*) [1]

Neben *Amundsen* als Expeditionsleiter und dem Kapitän der FRAM gehörten zwei Steuerleute, drei Maschinisten, drei Eislotsen mit Nordmeererfahrung, ein Segelmacher, zwei Köche, ein Ozeanograph (der einzige Wissenschaftler an Bord) und für alle anderen anfallenden Arbeiten fünf weitere Besatzungsmitglieder zur Expedition. Unter ihnen war auch *Hjalmar Johansen*, der 1895 als Begleiter *Nansens* von der FRAM aus versucht hatte, mit Hundeschlitten bis zum Nordpol zu gelangen. Drei Mann der Besatzung waren schon bei der 2. FRAM-Expedition mit dabei, und zwei von ihnen hatten *Amundsen* sogar auf der Reise mit der GJØA begleitet.

Verlauf und Ergebnisse der Expedition

Vor dem endgültigen Aufbruch der Expedition wurden in einer nur wenige Wochen dauernden Atlantikfahrt mit wissenschaftlichem Programm das Schiff und die Mannschaft sowie Teile der Ausrüstung getestet. Die Besatzung sollte Gelegenheit haben, sich aneinander zu gewöhnen. Der neue Motor sollte seine Brauchbarkeit unter Beweis stellen. Bei ihm stellten sich auch Probleme ein, die vor der großen Reise geklärt werden konnten. Und zwar erwies sich die Verwendung des zunächst vorgesehenen Brennstoffes Solaröl als nicht geeignet. Der Motor arbeitete die ersten beiden Tage normal und wurde dann immer langsamer, bis er stillstand. Die Mannschaft gab ihm dafür den Spitznamen »Keuchhusten«. Erst nachdem reines Paraffinöl verwendet wurde, arbeitete der Motor zufriedenstellend.

Nachdem alle bei dieser Probefahrt festgestellten Mängel beseitigt waren, konnte der endgültige Start erfolgen. Am 9. August 1910 lichtete die FRAM die Anker zur dritten großen Fahrt.

Das erste Ziel, das *Amundsen* ansteuern ließ, war die Insel Madaira vor der Nordwestküste Afrikas. Und hier nun gab er die neuen Ziele der Reise bekannt. Er stellte den Mitgliedern der Mannschaft frei, in die Heimat zurückzukehren, wenn sie mit dieser neuen

Planung nicht einverstanden wären. Aber alle erklärten übereinstimmend, daß sie dabei bleiben und zur Verwirklichung der Pläne der Expedition ihr Bestes geben wollten. Am schwersten ist es *Amundsen* wohl geworden, seine geänderten Pläne *Nansen* und der norwegischen Regierung erst von hieraus mitzuteilen. Mußte er doch zugeben, daß er den Plan zur Eroberung des Südpols schon länger verfolgte und auch die Ausrüstung des Schiffes dahingehend organisiert hatte. Er gab zu, daß die Erreichung des Nordpols durch *Cook* und später durch *Peary* seinem ursprünglichen Vorhaben, von der Beringstraße zum Nordpol zu gelangen, »den Todesstoß« versetzt habe. In einem Brief *Amundsens* von Madaira aus an *Nansen* äußerte er: »Innerhalb der Polargebiete ist nur noch ein Problem zu lösen, welches Anspruch darauf erheben kann, das Interesse der großen Masse zu wekken, und dies ist der Südpol. Ich weiß, daß die Mittel für meine geplante Fahrt gesichert wären, wenn ich das vollbringen könnte. Ja, es fällt mir schwer, Herr Professor, Ihnen das mitzuteilen, aber seit September 1909 steht mein Entschluß fest, an dem Wettbewerb um die Lösung dieser Frage teilzunehmen.« [8]

Die Fahrt zum Südpol betrachtete *Amundsen* als eine Erweiterung der Expedition, denn im Anschluß an die Expedition zum Südpol sollte die Erkundung des Nordpolarmeeres von der Beringstraße aus erfolgen.

Dem Verständnis und Einsatz *Nansens* für diese Ziele *Amundsens* war es zu verdanken, daß die internationale Presse eine positive Beurteilung des Unternehmens verbreitete.

Um zu neuen und bedeutenden wissenschaftlichen Erkenntnissen zu gelangen, war es für *Nansen* und auch für Norwegen wichtig, die bereitgestellten Mittel sinnvoll anzuwenden. Und das entsprach selbstverständlich auch den Zielen *Amundsens*, wenn auch bei ihm brennender Ehrgeiz eine wesentliche Rolle gespielt hatte.

Von Madaira aus telegrafierte *Amundsen* auch nach Melbourne, Australien, um *Scott* auf der TERRA NOVA seinen Plan zur Eroberung des Südpols mitzuteilen. Der Engländer *Robert Falcon Scott* hatte bereits die Antarktisexpedition 1899–1904 mit der DISCOVERY geleitet. Er wollte 1910 von Neuseeland aus zur Antarktis reisen, um von der Ross-Barriere aus zum Südpol vorzudringen.

Und von nun an entwickelte sich die Eroberung des Südpols zu einem Wettrennen zwischen *Amundsen* und *Scott*. *Amundsen* wollte von der Walfischbucht aus über das Eis zum Pol vordringen, während *Scotts* Ausgangspunkt etwa 650 km entfernt beim McMurdo-Sund lag.

Sogleich nach der Abfahrt von Madaira begannen an Bord der FRAM die Vorbereitungen für die Ausrüstung des Basislagers und das Zusammenstellen der Ausrüstung für die Gruppe, die zum Pol vordringen sollte.

Bei der Einfahrt in die Walfischbucht richtete sich *Amundsen* nach den Berichten *Shackletons*, der sich 1908/09 mit dem Schiff NIMROD dort aufgehalten hatte. Am 13. Januar 1911 war der für das Basislager vorgesehene Platz erreicht. Nur wenige Tage dauerte es, bis die an Bord mitgeführte Hütte, das »Framheim«, aufgebaut und bezugsfertig war. Geplant war, daß eine Gruppe von neun Mann dort überwintern sollte und fünf Mann dann den Vorstoß zum Pol unternehmen sollten. Nachdem die gesamte Ausrüstung der Polargruppe von Bord war, lief die FRAM mit einer zehnköpfigen Besatzung unter der Leitung von Kapitän *Nilsen* nach Buenos Aires ab. Hier wurden einige Reparaturen am Schiff vorgenommen, der Proviant ergänzt, und dann begann für das Schiff eine Reise in den Südatlantik, die der ozeanographischen Forschung dienen sollte. Die Forschungsarbeit im Atlantik stand unter der Leitung des einzigen teilnehmenden Wissenschaftlers, des russischen Ozeanographen *Alexander Kutschin*.

Es war vereinbart worden, daß die FRAM im Frühjahr 1912 zur Walfischbucht zurückkehren sollte, um die dort überwinternden Expeditionsteilnehmer wieder an Bord zu nehmen.

Unterdessen zeichneten die FRAM-Leute alle Beobachtungs- und Untersuchungsergebnisse für eine wissenschaftliche Auswertung sorgfältig auf. Die Beobachtung schwimmender Eisberge, die Erscheinungen des Packeises, die Ermittlung von Wassertemperaturen in verschiedenen Wassertiefen, die mikroskopischen Untersuchungen des Planktons standen ebenso auf dem Arbeitsprogramm wie Tiefseelotungen und Entnahmen von Grundproben aus Tiefen bis zu 4500 m. Das Schiff legte 8000 Seemeilen zurück und entnahm auf 60 verschiedenen Positionen 891 Wasserproben und 190 Planktonproben. Am 30. Juli 1911 kreuzte die FRAM ihren eigenen Kurs von Norwegen zur Arktis und hatte damit die erste Weltumseglung vollendet. Anfang September kehrte sie nach Buenos Aires zurück. Hier wurde sie ins Trockendock bugsiert, um das Unterwasserschiff reinigen und einige kleinere Reparaturen durchführen zu lassen.

In Buenos Aires fanden die FRAM-Leute in dem aus Norwegen stammenden Farmer *Peter Christophersen* wohlwollende Hilfe und Unterstützung. *Christophersen* übernahm die Kosten für die Schiffsreparatur und die neue Ausrüstung mit Proviant und Brennstoff für die zweite Fahrt zur Walfischbucht und trug damit wesentlich zum Gelingen des Vorhabens bei. Vor dem Auslaufen zu dieser Fahrt gingen der Ozeanograph und zwei Besatzungsmitglieder der FRAM von Bord, um nach Hause zurückzukehren. Für die ausscheidenden Leute wurden neue angemustert, und mit 11 Mann an Bord setzte die FRAM am 5. Oktober 1911 erneut ihre Segel mit Kurs auf die Antarktis.

In der Antarktisstation »Framheim« bereitete die sogenannte Landgruppe inzwischen die letzte Etappe, den Vorstoß bis zum Südpol, vor. Da die Temperaturen noch zu niedrig waren und auch die Polarnacht andauerte, waren alle Framheim-Bewohner zum Warten gezwungen. Die Zeit wurde damit genutzt, die Ausrüstung der Schlitten zu testen und zu verbessern, meteorologische Beobachtungen, Temperatur- und Luftfeuchtigkeitsmessungen und magnetische Messungen vorzunehmen.

Amundsen wartete ungeduldig auf den antarktischen Frühling, um endlich zum Pol aufbrechen zu können. Ständig befürchtete er, *Scott* würde ihm zuvorkommen. Ein erster Versuch am 8. September 1911 erwies sich als zu früh. *Johansen*, der erfahrene Mann der Arktisforschung, hatte wegen der noch herrschenden extremen Kälte vor einem übereilten Aufbruch gewarnt. Die Männer mußten nach vier Tagen umkehren. Die große Kälte war besonders für die Hunde problematisch, da sie unter den Bedingungen nicht die Leistungen bringen konnten, die man von ihnen erwartete.

Nach Rückkehr von diesem mißglückten Versuch folgte eine sehr ernsthafte Auseinandersetzung zwischen *Amundsen* und *Johansen*, in deren Folge *Amundsen Johansen* von der Gruppe, die zum Pol vordringen sollte, ausschloß. *Johansen* hatte auf dem Eis der Arktis mit *Nansen* im Jahre 1894 viele Erfahrungen gesammelt und war daher bemüht, *Amundsen* verantwortungsbewußt zu beraten. Dieser jedoch fürchtete wohl um sein Ansehen, wenn er dem Rat des anderen folgte, und schloß *Johansen* deshalb aus seinen Plänen aus.

Der 20. Oktober 1911 war der Tag des zweiten Aufbruchs, der *Amundsen* und seine vier Begleiter an das Ziel ihrer Wünsche bringen sollte. *Roald Amundsen, Olaf Bjaaland, Helmer Hanssen, Helge Svere Hassel* und *Oscar Wisting*, das sind die Namen der fünf kühnen Männer, die am 14. Dezember des Jahres 1911 als erste den Südpol erreichten und dort die norwegische Flagge setzten. Sie gaben der Ebene, auf der sich der Südpol befindet, den Namen König-Haakon-VII.-Plateau.

Die Bezwinger des Südpols kehrten mit zwei Schlitten und 11 Hunden am 26. Januar 1912 zum »Framheim« zurück. Sie hatten die Distanz vom Basislager »Framheim« zum Pol und zurück mit einer Länge von etwa 3000 km in 99 Tagen bewältigt. Das entsprach einer durchschnittlichen Tagesleistung von 30 km mit Hundeschlitten über das Eis, das bei weitem nicht immer flach und eben ist.

30 Tage später erreichte *Scott* mit vier Begleitern den Südpol und mußte enttäuscht feststellen, daß ihm sein Konkurrent zuvorgekommen war. *Scott* und seine Männer fanden auf dem Rückweg zu ihrem Basislager den Tod, die letzten drei von ihnen nur 18 km vom nächsten Lebensmitteldepot entfernt.

Die FRAM erreichte die Walfischbucht am 9. Januar 1912. Zwei Tage später waren die ersten drei Männer der Landstation an Bord zu Besuch. Die Schlittenexpedition mit *Amundsen* war noch nicht zurück. Wenige Tage nach dem Eintreffen der FRAM kam das japanische Forschungsschiff KAINAN MARU zum Liegeplatz der FRAM zu Besuch.

Durch die sich ständig verändernde Eissituation mußte die FRAM mehrmals den Liegeplatz verlassen und im freien Wasser kreuzen. Am 25. Januar war dann die Eissituation so günstig, daß das Schiff recht nahe an die Station heranfahren konnte. Inzwischen war auch die »Südpolgruppe« zurückgekehrt und wurde mit großer Freude von der Schiffsbesatzung begrüßt. Unverzüglich ging man daran, die Ausrüstung und alle noch für die weitere Expeditionsreise benötigten Gegenstände an Bord zu holen. Schon am 30. Januar brach die FRAM-Expedition ihre Verbindung mit der Antarktis ab, um nun den zweiten Teil der Expedition in Angriff zu nehmen. Zunächst ging es nach Hobart, Tasmanien, südlich von Australien. Hier nun wurde das Schiff auf eventuelle Schäden überprüft, der Motor gereinigt und leichtere Schäden in der Takelage ausgebessert. Frischer Proviant wurde an Bord genommen und die Trinkwassertanks gefüllt.

Nach 14tägigem Aufenthalt ging es weiter in Richtung Kap Hoorn, um wieder nach Buenos Aires zu kommen. Auf dieser Reise erreichte die FRAM zeitweilig unter besonders günstigen Windverhältnissen eine Geschwindigkeit von 8,5 kn. Noch bevor Kap Hoorn erreicht wurde, geriet sie in einen Orkan. Das war die schlimmste Bewährungsprobe, die das Schiff zu bestehen hatte. Kapitän *Nilsen* berichtete: »Schließlich war das Meer in heftigstem Aufruhr, und die Wogen stürzten über Deck herein. Jetzt aber zeigte sich die FRAM in ihrem ganzen Glanz als das beste Segelschiff der Welt. Wie sie alles überwand! Mächtige Wogen wälzten sich luvwärts daher, und wir auf der Brücke wendeten schon den Rücken, um sie uns mit irgendeiner Bemerkung, ›Puh! Wie abscheulich!‹ über den Rücken hereinstürzen zu lassen. Aber wer nicht kam, waren die großen Wasserwogen. Ein paar Meter vom Schiff entfernt schauten sie über die Reling herein und schickten sich an, über die FRAM herzufallen. Diese aber machte im letzten Augenblick eine Wendung mit dem Rumpf und war im nächsten auf dem Gipfel der Woge, die unter dem Schiff durchkroch. Kann sich jemand darüber verwundern, daß man solch ein Schiff lieb hat? Dann ging es mit Blitzesschnelle vom Wogenkamm ins Wogental hinunter, ein Fall von 13 bis 15 m. Wenn man so hinunter fuhr, hatte man dasselbe Gefühl, wie wenn man mit einem amerikanischen Aufzug vom zwölften ins erste Stockwerk hinunterfährt, nämlich als ob sich alles in einem umdrehte.« [1] Kann ein Kapitän sein Schiff mehr loben?

Zwei Jahre waren vergangen seit der Abreise am 7. Juni 1910 aus Norwegen. Die FRAM hatte inzwischen zweimal die Erde umrundet. Die von dem Schiff zurückgelegte Strecke war etwa 100900 km (54400 sm) lang. In Buenos Aires sollte länger Station gemacht werden. Die Expeditionsmitglieder, bis auf *Amundsen* und Kapitän *Nilsen*, die später folgten, reisten auf Heimaturlaub, um sich vor dem zweiten Teil des Vorhabens zu erholen. Zunächst mußten jedoch die Mittel aufgetrieben werden, die für die Begleichung der Schulden erforderlich waren. Sie waren bei der Ausrüstung der FRAM 1910 entstanden. *Nansen* half in selbstloser Weise. Ebenso waren Mittel für die Ausrüstung der FRAM zur Fortsetzung der Expedition zu beschaffen.

Amundsen wollte mit der FRAM 1913 von Buenos Aires aus um Kap Hoorn und durch den Pazifik nach Norden in die Beringstraße segeln. Er rechnete damit, mit dem Schiff fünf Jahre mit dem Polareis zu treiben, um eine Vielzahl von Erkenntnissen über das Polareis um den Nordpol herum zu gewinnen.

Er unternahm inzwischen große Reisen, um mit Vorträgen Mittel für sein Vorhaben zusammenzubekommen. Die Vorbereitungen zur Weiterführung der Expedition wurden jedoch nicht mit vollem Elan von ihm weiter betrieben. Er hatte sein Hauptziel, den Südpol, erreicht. Die weitere Forschungsreise wäre weniger spektakulär gewesen und hätte ihm weniger Ovationen gebracht. *Nansen,* der *Amundsens* wegen seine eigenen Südpolarforschungspläne aufgegeben hatte, ermahnte *Amundsen* jedoch, sein Versprechen zur Fortführung der Expedition zu verwirklichen.

Die Besatzung der FRAM begab sich im Mai 1913 zurück an Bord des Schiffes nach Buenos Aires. Der nun vorliegende geänderte Plan sah vor, daß die FRAM als eines der ersten Schiffe den Panama-Kanal passieren sollte, um weiter nach San Francisco zu segeln, wo die Ausrüstung für die Eisdrift um den Nordpol vervollständigt werden sollte. Das Schiff begab sich auf Warteposition nach Colon, dem Hafen vor der östlichen Einfahrt in den Kanal. Die Fertigstellung des Kanals verzögerte sich jedoch, so daß im Dezember 1913 von *Amundsen*, der sich noch in Norwegen aufhielt, der Befehl kam, nach Süden um Kap Hoorn herum zu reisen, um weitere Verzögerungen auszuschließen. Der Kanal wurde erst 1914 eröffnet. In Buenos Aires wurde das Schiff noch einmal gründlich überprüft. Man stellte fest, daß es besser wäre, noch etliche Reparaturen vornehmen zu lassen, bevor die Fahrt ins Eis begann. Das Holz des Schiffes wies zahlreiche Schäden auf, die zum Teil durch das lange Liegen in den tropischen Gewässern entstanden waren. Nachdem Kapitän *Nilsen Amundsen* über den Zustand des Schiffes informiert hatte, beschloß dieser, es zunächst nach Norwegen zurückzubeordern. Hier sollte es gründlich überholt werden, um dann ein Jahr später erneut auf Polarkurs zu gehen. Am 16. Juli 1914 traf die FRAM in Horten ein. Die Klassifikationsgesellschaft Det Norske Veritas gab jedoch nach eingehender Überprüfung des Schiffes ein sehr negatives Urteil von seinem Erhaltungszustand ab. Kurz gesagt, es war nicht einsatzbereit, bevor nicht die notwendigen Reparaturen vorgenommen waren. Und dafür rechnete man mit einer Zeit von etwa einem Jahr und mit Kosten in Höhe von etwa 150000 Kronen.

Der Ausbruch des ersten Weltkrieges und der Mangel an Geld führten zum weiteren Aufschub der Reise. Die FRAM wurde in Horten aufgelegt. Das wichtigste Inventar lagerte man an Land. Ansonsten tat man wenig zur Pflege und Erhaltung der FRAM, teils aus Geldmangel und teils, weil man einsah, daß das Schiff für die Instandsetzung zu einer neuen großen Polarreise zu alt war und sich keine andere Verwendung anbot. *Amundsen* gelang es, während der nächsten zwei Jahre durch Spekulation zu soviel Geld zu kommen, wie für ein neues Schiff und dessen Ausrüstung für die Polarfahrt notwendig war. Er gab bei der Werft *Christian Jensen* in Asher ein neues Polarschiff in Auftrag, das 1917 vom Stapel lief und den Namen MAUD erhielt. Die MAUD ähnelte in vielen Details ihrer Vorgängerin FRAM. Außerdem erhielt *Amundsen* von der norwegischen Regierung die Möglichkeit, alle verwendbaren Teile der FRAM auf das neue Schiff zu übernehmen. Das bedeutete, daß die FRAM vollständig abgetakelt und ausgeschlachtet wurde. Die MAUD unternahm zwei wenig erfolgreiche Reisen in das Nordpolarmeer (1918 und 1922). Die FRAM jedoch lag mehrere Jahre dem Verfall preisgegeben fest, so daß ihr Zustand sich immer mehr verschlechterte.

FRAM	
Bauort:	Larvik, Norwegen
Baumeister:	Colin Archer
Baujahr:	1891/92
Typ:	Gaffelschoner mit unterteilter Breitfock, (III.) Toppsegelschoner mit Breitfock
Länger über alles:	39,00 m
Länge in der Wasserlinie:	35,25 m
Länge am Kiel:	31,50 m
Breite über alles:	11,00 m
Breite in der Wasserlinie:	10,40 m
Raumtiefe:	5,25 m
Tiefgang mit leichter Last:	3,75 m
Verdrängung:	800 t, (III.) 1100 t
Segelfläche:	600 m^2, (III.) 618 m^2
Besatzung:	13 Mann, (II.) 15 Mann, (III.) 20 Mann
Vermessung:	402 BRT, (II.) 510 BRT
Antrieb:	Dreifach-Expansionsmaschine (220 iPS), (III.) Dieselmotor (180 PS)

Die FRAM als Museumsschiff

Erst in den 20er Jahren begann man sich des Zustandes der FRAM, des Schiffes, auf das man einmal sehr stolz war, zu erinnern und etwas zu seiner Erhaltung als nationales Denkmal zu unternehmen. Einer der aktivsten Initiatoren war *Sverdrup*, unter dessen Leitung sich ein Komitee zur Erhaltung der FRAM konstituierte. Als die ersten Mittel zusammengetragen waren, ließ man 1929 den ausgeschlachteten Rumpf zum Sandefjord schleppen und begann mit der Restaurierung. Unter *Sverdrups* Leitung erhielt das Schiff nach den vorhandenen Originalzeichnungen wieder das Aussehen, das es bei seiner zweiten Polarreise an die Westküste Grönlands hatte.

Nach Fertigstellung im Mai 1930 besuchte die FRAM einige Städte in Norwegen, allerdings nicht mit eigenem Antrieb, sondern im Schlepp moderner Schiffe. Die Bevölkerung aller angesteuerten Häfen zeigte großes Interesse an dem »Wikingerschiff des 20. Jahrhunderts«, wie der Polarforscher *Carsten Borchgreving* es einmal bezeichnet hatte. Mit großer Energie verfolgte das Komitee zur Erhaltung der FRAM das von dem inzwischen verstorbenen Initiator *Sverdrup* gesetzte Ziel, das Schiff an Land zu setzen und mit einem Haus zu umgeben. Man fand den geeigneten Platz dafür in Oslo. Im Mai 1935 begann man mit dem Aufslipen auf der vorbereiteten Bahn. Ein Zwei-PS-Elektromotor zog das Schiff mit der Geschwindigkeit von einem Zentimeter je Minute auf seinen Platz. Am 10. Juli befand sich die FRAM in der vorgesehenen Position auf Land, und man konnte mit dem Errichten des Gebäudes um das Schiff beginnen. Für die Projektierung des FRAM-Hauses war ein Wettbewerb ausgeschrieben worden, den der Architekt *Bjarne Tölen* mit seinem Entwurf gewann. Nach seinen Plänen entstand das FRAM-Haus, in dem die legendäre FRAM, wohl das bisher erfolgreichste Polarschiff, als »ein ewiges Monument für norwegischen Tatendrang und Willen sowie für norwegische Stärke«, wie es in der Eröffnungsrede hieß, einen würdigen Platz erhalten hat. Das Haus wurde am 20. Mai 1936 in Anwesenheit des Königs *Haakon VII.* und zahlreicher Persönlichkeiten übergeben. Leider konnte keiner der drei Expeditionsleiter der FRAM-Polarfahrten dieses Ereignis mehr miterleben. *Nansen* war im Mai 1930 verstorben, *Sverdrup* im November des gleichen Jahres. Und *Amund-*

sen war bereits 1928 auf der Suche nach dem Luftschiff ITALIA des Italieners *Umberto Nobile* über der Arktis mit dem französischen Flugboot LATHEM abgestürzt und ums Leben gekommen. Nur vier Teilnehmer der drei großen Expeditionsreisen, *Hansen* (erste Reise), *Isachsen* (zweite Reise), der Koch *Lindstøm* (zweite und dritte Reise) und *Wisting*, der mit *Amundsen* am Südpol gewesen war und sich später sehr um die Erhaltung der FRAM verdient gemacht hatte, nahmen an der Eröffnungsfeier des FRAM-Museums teil.

Der Bau der FRAM war ein Höhepunkt für den norwegischen Holzschiffbau. Das Schiff *Archers* absolvierte drei enorm schwierige Polarreisen, überstand den starken Druck des Eises genauso wie die Stürme der Ozeane und machte die Welt mit den Leistungen der Schiffbauer, der kühnen Forscher und Entdecker Norwegens bekannt. Die FRAM war damals das Schiff, das sowohl am weitesten nach Norden wie auch am weitesten nach Süden gelangt war. Die Reihe der geographischen Entdeckungen und die Menge der wissenschaftlichen Erkenntnisse, die mit diesem Schiff gemacht wurden, sind von keinem Schiff in jener Zeit übertroffen worden. Kluge Überlegungen, technisches Können, Mut und Forscherdrang waren die Triebkräfte dieser großartigen Leistungen.

Die erste deutsche Antarktisexpedition von 1901 bis 1903

Bereits seit etwa 1880 hatten sich bei einigen deutschen Geographen Vorstellungen und Wünsche für die Ausrüstung einer Expeditionsgruppe zur Erkundung der antarktischen Gewässer gefestigt. Über die Motivation dazu äußerte sich *Erich von Drygalski*, der spätere Leiter der Expedition: »Ich hörte, daß die Erforschung des Südpolargebietes an wissenschaftlicher Bedeutung den Forschungen in allen anderen Erdräumen vorangeht und daß dieses bei dem bevorstehenden Ende des zweiten Zeitalters der Entdeckungen bald noch das einzige Feld für grundlegende Forschungen bietet, weil hier auch die ersten Feststellungen über die Verteilung von Wasser und Land noch fehlten. Ich hörte aber auch, daß eine Südpolarexpedition so große Schwierigkeiten hätte, daß an eine baldige Verwirklichung nicht zu denken wäre. Alles bewohnte Land läge weit von dem eigentlichen Forschungsfelde entfernt; es fehle an Stützpunkten, wie man sie auch bei den Nordpolarfahrten in den umgebenden Ländern hätte; das Meer ringsherum wäre sturmreich und voller Gefahren. Deshalb wäre ein Schiff allein den Schwierigkeiten nicht gewachsen; es müßten bei einer Südpolarexpedition mehrere Schiffe sein, um sich helfen zu können«. [3]

Im März 1884 nahmen die Pläne für eine Antarktisexpedition jedoch erst konkrete Formen an. Auf dem Bremer Geographentag im Jahre 1895 war die Südpolarforschung bereits Hauptthema der Vorträge. Die Teilnehmer schlugen vor, eine deutsche Kommission einzuberufen, »die Möglichkeit einer deutschen Expedition in das Südpolargebiet zu erwägen und eine solche gegebenenfalls in die Wege zu leiten.« [3] Die folgenden Beratungen der Kommission beschäftigten sich bereits mit der Planung von Art und Umfang der Expedition und der Beschaffung der dazu nötigen Geldmittel. Man ging zunächst davon aus, daß zwei Schiffe auszurüsten seien. 1898 wurde die Leitung der Expeditionsvorbereitung mit nur einem Schiff *Drygalski* übertragen. Das Unternehmen sollte auch durch die kaiserliche Marine gefördert werden. Den letzten und entscheidenden Anstoß für den organisatorischen Beginn der Expeditionsvorbereitung gab ein Telegramm *Wilhelm II.* an den Vorsitzenden der deutschen Kommission für die Südpolarerforschung im April 1899 mit der Zusage, daß »die Kosten einer im Jahr 1901 zu entsendenden Südpolar-Expedition durch den Reichshaushaltsetat angefordert werden« könnten.

Nun erst begannen die praktischen Vorbereitungen für den Bau eines Schiffes, für die Beschaffung der Ausrüstung und für die Auswahl der Teilnehmer. Die nautische Abteilung des Reichsmarineamtes übernahm die Aufgabe, den Bau des Schiffes zu konkretisieren. Nachdem die Baubedingungen erarbeitet waren, wurden sie an sechs Werften zur Prüfung übergeben. Es waren dies die Werften Tecklenborg und Weser AG in Bremerhaven, Thynen in Brake, die Howaldt-Werke in Kiel, die Flensburger Schiffswerft und die Werft Johannsen in Danzig. Angebote der Werften zur Bauausführung sollten bereits im November 1899 vorliegen. Der Termin für die Fertigstellung des Schiffes war mit dem 1. Mai 1901 vorgegeben. Die Howaldtwerke in Kiel erhielten schließlich den Bauauftrag, weil nur sie bereit waren, den kurzfristigen Termin einzuhalten. Im Winter 1899 zu 1900 wurden die Hölzer beschafft und bereitgestellt. Im Mai 1900 erfolgte die Kiellegung. Bis zum September des gleichen Jahres waren alle Spanten gerichtet und noch vor Jahresende auch die Planken gelegt. Bereits ab Oktober 1900 konnten der Kapitän *Hans Ruser* und ab Januar 1901 der Technische Offizier *Stehr* den Bauablauf beaufsichtigen und ihre Erfahrungen und Kenntnisse einbringen. Gemeinsam mit den entsprechenden Fachleuten der Werft erarbeiteten sie die Bedarfslisten für die Takelung, die seemännische Ausrüstung und das Maschineninventar.

Die Schonerbark GAUSS

Der Stapellauf des Schiffes, eines »Marssegelschoners mit Hilfsmaschine« [3] (nach heutiger Bezeichnung eine Schonerbark), fand unter feierlichem Zeremoniell am 2. April 1901 statt. Mitte Mai wurde das Schiff durch eine eigens dafür gebildete Kommission abgenommen. Es erhielt beim Stapellauf den Namen GAUSS. Damit ehrte man den berühmten deutschen Naturwissenschaftler *Carl Friedrich Gauß* (1777 bis 1855), einen der größten Mathematiker aller Zeiten, der sich auch mit großem Erfolg der Erforschung des Erdmagnetismus gewidmet hatte. Die Erweiterung der Kenntnisse über den Erdmagnetismus gehörte daher auch zum wesentlichen Teil des Expeditionsprogrammes der GAUSS.

Selbstverständlich nutzte man für die Konstruktion der GAUSS die Erfahrungen der Norweger mit der FRAM, die die norwegische Regierung bereitwillig zur Verfügung stellte. Da die FRAM mit ihrer breiten und robusten Form und der hohen Festigkeit des Schiffskörpers sich im Eis der Arktis bestens bewährt hatte, übernahm man die gewonnen Erkenntnisse beim Bau der GAUSS. Die GAUSS war von Anfang an für die Reise zur Antarktis vorgesehen. Sie mußte also auch ihre Seetüchtigkeit in der Atlantikfahrt nachweisen können. Da Stürme und schwere See zu erwarten waren, stellte man an die Seetüchtigkeit der GAUSS hohe Anforderungen. Der Rumpf hatte eine weniger runde Form als der der FRAM. Das Schiff erhielt einen aufgesetzten und relativ breiten Kiel, um im Seegang nicht zu stark zu schlingern.

»Die Abmessungen der GAUSS richteten sich bei der Anlage nach der Last, welche sie unter den vorhandenen Anforderungen einer vollen Ausrüstung und wissenschaftlichen Arbeitsgelegenheit für drei Jahre aufzunehmen hatte, mußten jedoch innerhalb derselben auf das Mindestmaß beschränkt werden, weil kleine Schiffe in den oft nur kleinen Waken des Scholleneises eine höhere Manövrierfähigkeit haben als große. Die GAUSS war bei der Fahrt durch das Eis zeitweilig schon durch ihre Größe behindert. Andererseits wachsen auch mit der Größe des Schiffes... seine Bedürfnisse an Segelschiffstakelage und Bemannung bzw. Maschinengröße nebst Ausrüstung und Kohlenverbrauch, die auch ihrerseits wieder mehr Raum beanspruchen, während die Leistungen nicht in dem gleichen Verhältnis steigen«. [3]

Die GAUSS hatte eine Länge zwischen den Loten von 46 m, eine Breite auf Spanten von 10,70 m und über der Außenhaut gemessen von 11,27 m. Ihre Raumtiefe betrug 6,30 m, und das Deplacement betrug 1442 t. Sie besaß eine kurze Back und eine kurze Poop.

Für den Schiffskörper verwendete man die gleichen Hölzer wie bei der FRAM. Der Kiel, die Spanten und Steven, zahlreiche Stützen und Knie zwischen den Decksbalken und Spanten zur Festigung des Gefüges gegen den Eisdruck waren aus Eiche. Für die Planken im Mittelschiff und für die Balken und Planken der beiden oberen Decks verwendete man Pitchpine. Aus Oregonpine bestanden die Masten. Die Außenwände der beiden Deckshäuser und der Kommandobrücke waren aus

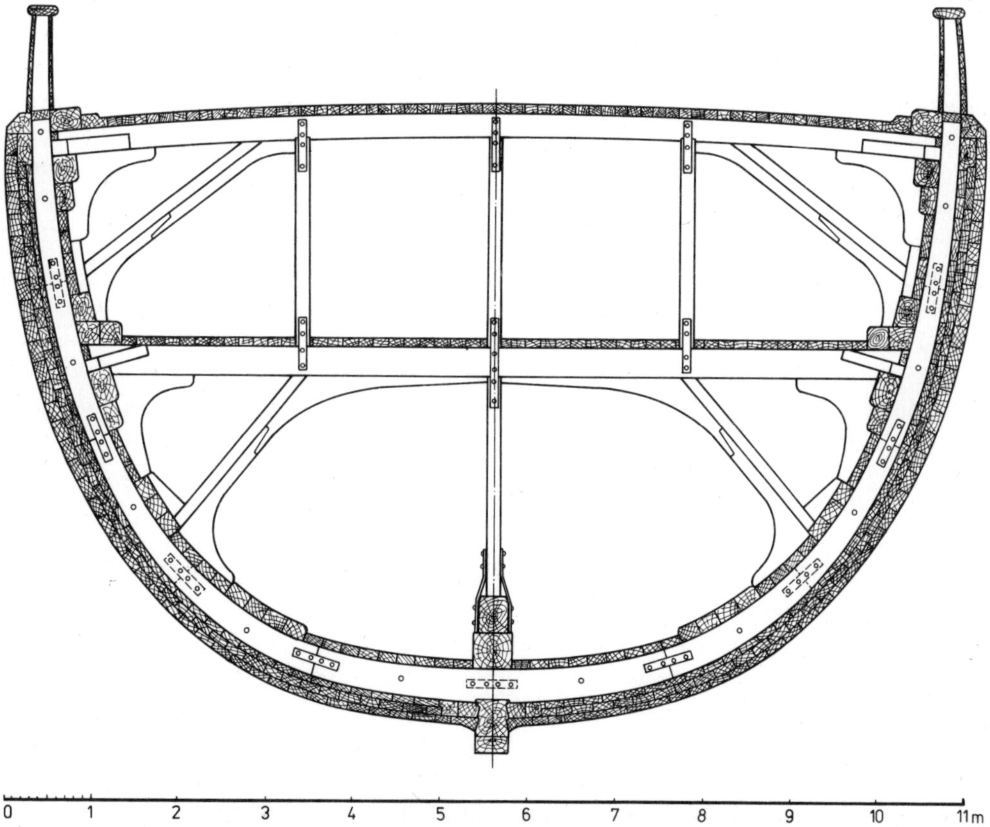

Fig. 7 Der Hauptspant der Gauss

Teakholzbrettern gezimmert, während die inneren Zwischenwände unter Deck aus Föhrenholz bestanden. Für die Eishaut, die äußerste Plankenlage, nahm man wie bei der Fram Greenheartholz. Am Bug und am Heck waren zur Verstärkung Stahlplatten befestigt. Die Stärke der Greenheartplanken betrug in der Wasserlinie 15 cm, sie wurde zum Schandeck und zum Kiel hin schwächer (10 bis 7,5 cm). 72 Eichenspanten bildeten das Innengerüst des Schiffes. Unter den Kiel setzte man zusätzlich einen sogenannten Loskiel, der dem Schiff bei Seegang eine bessere Kursstabilität gab. Alle verwendeten Hölzer wurden vor dem Einbau mit Holzteer imprägniert, um dem Wurmbefall in tropischen Gewässern vorzubeugen. Große Probleme ergaben sich bei der Arbeit mit Greenheartholz. Dieses Material ist wegen seiner großen Härte sehr schwer zu bearbeiten. Bei Verformungen splittert es leicht und führt zu schlecht heilenden Verletzungen.

Im Umkreis von etwa acht Metern um den magnetischen Arbeitsplatz auf der Kommandobrücke verzichtete man bis auf wenige unbedingt erforderliche Verbolzungen auf eiserne Bauteile, um die Ablenkung der magnetischen Meßgeräte so gering wie möglich zu halten. Für das Rudergeschirr und die Ketten in diesem Bereich benutzte man Bronze oder Deltametall. Unvermeidliche Eisenteile waren selbstverständlich die Maschinenanlage und etliche Stahlbehälter mit Wasserstoffgas für die Füllung des mitgeführten Fesselballons. Aus Stahlplatten bestanden die Querschotte für den Maschinen- und den Kesselraum. Um bei extrem tiefen Temperaturen in der Antarktis in den Unterkünften eine erträgliche Wärme zu gewährleisten, erhielten die Innenwände eine Isolierschicht aus Kork und Korkmehl. Den Hohlraum zwischen den Spanten hatte man mit Korkmehl und Pech gefüllt. Dies sollte sich jedoch als unzweckmäßig erweisen. Das Pech schmolz bei tropischer Hitze und floß aus. Auch der Fußbodenbelag aus Filz und Linoleum war ungeeignet, da er sich voll Wasser sog und zu faulen begann.

Die GAUSS hatte die Takelung einer Schonerbark (von *Drygalski* Dreimastmarssegelschoner genannt). Der Fockmast konnte bis zu fünf Rahsegel aufnehmen. Je zwei Schratsegel wurden am Groß- und am Besanmast gefahren. Zwischen Groß- und Fockmast und vom Klüverbaum zum Fockmast konnten je vier Stagsegel gesetzt werden. Bei vollem Rigg trug die GAUSS 17 Segel mit einer Gesamtfläche von 1026 m^2. Unter der Spitze des Großmastes befand sich in 33 m Höhe über dem Deck eine »Tonne« für den Ausguckposten, eine sehr wichtige Einrichtung bei Fahrt im Treibeis. Aus solcher Höhe konnten bessere Kurskorrekturen beim Manövrieren zwischen den Schollen gegeben werden. Der Vorteil der Takelung einer Schonerbark gegenüber einer Bark oder einem Vollschiff bestand darin, daß man mit dem Schiff besser manövrieren konnte und die Segel sich relativ schnell setzen oder bergen ließen. Der zweiflügelige Propeller aus Siemens-Martinstahl (2,5 m Durchmesser) und das Ruder ließen sich wie bei der FRAM durch je einen Schacht im Heck des Schiffes dann an Deck hieven, wenn sie durch Scholleneis gefährdet waren. Sie lagen besonders tief unterhalb der Wasserlinie, um eine Beschädigung bei Treibeis zu vermeiden. Der Schaft des Propellers war relativ kurz und nicht fest mit der Transmissionswelle verbunden, sondern keilförmig darin eingelassen. Für die Wanten und Pardunen verwendete man Hanftaue, für das laufende Gut Manila. Die Stage bestanden außerhalb der Kommandobrücke aus Stahlkabeln.

Die Hauptmaschine war eine stehende dreikurbelige Dreifach-Expansionsdampfmaschine mit Oberflächenkondensator und Kulissensteuerung mit einer Leistung von 325 PS. Die Durchmesser der Zylinder betrugen: Hochdruckzylinder 300 mm, Mitteldruckzylinder 475 mm, Niederdruckzylinder 750 mm. Der Kolbenhub betrug 450 mm. Die Werft versicherte in einer von ihr aufgestellten »Bauvorschrift eines Dreimast-Schoners für die Südpolarforschung«, daß sie für alle Maschinenteile hochwertiges Material mit guten Gebrauchseigenschaften verwendet hätte. Für die Dampferzeugung baute man zwei zylindrische Einflammrohrkessel mit je 2100 mm lichtem Durchmesser ein. Zwei große Ventilatoren sorgten für eine gute Belüftung des Maschinenraumes. »Auf der Segelschiffstakelage beruht mithin in erster Linie die Fahrt des Schiffes, doch konnte die Maschine dafür naturgemäß auch für sich allein Verwendung finden, wie es später im Eise sogar fast ausschließlich der Fall war. Als Hilfsmaschine war sie aber in dem Sinne zu bezeichnen, daß sie einzusetzen war, wenn die Segelkraft für die jeweilige Lage nicht ausreichte oder aus irgend einem Grunde lahmgelegt war.« [3] Für die Fahrt im Eis nutzte man wegen der besseren Manövrierbarkeit fast ausschließlich die Dampfkraft. Das Schiff erreichte mit Maschinenantrieb eine Geschwindigkeit von ca. 6 kn.

»Die Maschinenkraft der GAUSS ist für die Fahrt im Eise jedenfalls als genügend anzusehen gewesen. Die Anwendung einer stärkeren Maschine dürfte auch kaum zu empfehlen gewesen sein, da mit derselben der Kohlenverbrauch wachsen würde und infolge dessen das Schiff wiederum größere Dimensionen annehmen müßte, um einen genügenden Kohlenvorrat zu fassen, wodurch die Manövrierfähigkeit des Schiffes im Eise ungünstig beeinflußt werden müßte«, äußerte der Technische Offizier *Stehr* in seinem Bericht über die technischen Einrichtungen der Gauss. [10] Der tägliche Bedarf an Kohle lag zwischen 5,2 und 6 t. Um so wenig Stauraum wie möglich für den Brennstoffvorrat zu beanspruchen, wurden in Kapstadt Kohlen nachgebunkert und ein größerer Vorrat verabredungsgemäß auf Kerguelen von dem Zubringerdampfer Tanglin übernommen. Schwierigkeiten ergaben sich bei der Beleuchtung aller Räume unter Deck. Die wenigen runden Oberlichter genügten nicht, und die elektrische Beleuchtungsanlage, die über einen Dynamo gespeist wurde, reichte nur für 1200 Brennstunden. Zur zusätzlichen Stromerzeugung für die Innenbeleuchtung während der Überwinterung im Eis befand sich ein zerlegbarer Windmotor an Bord. Er erwies sich jedoch bei den klimatischen Bedingungen vor Ort als unbrauchbar. Da der mitgeführte Petroleumvorrat für andere Zwecke vorgesehen war, half man sich mit selbst hergestellten Tranlampen aus Konservendosen. Den Tran gewann man aus dem Speck erlegter Seehunde. In der Improvisation liegt oftmals das besondere Geschick der Seeleute. Das zeigte sich besonders bei den Arbeiten, die der Schmied an Bord leistete. Er baute u. a. »aus einem Davit einen Schwanenhals für die Untermarsrah, aus einer Bugplatte einen Windmühlenkopf, aus Stahlstangen für Gesteinsbohrer sechs Meter lange Eissägen, aus den Flügeln des Windmotors Schneeschaufeln.« [10] Für den Trinkwasserbedarf gab es an Bord mehrere großräumige Tanks mit einem Fassungsvermögen von 10000 l Frischwasser. Das entsprach dem Bedarf von etwa einem Monat.

Die Ausrüstung

Da die Expedition in der Antarktis ein umfangreiches Forschungsprogramm zu absolvieren hatte, wurde auf die Auswahl der Wissenschaftler besonderer Wert gelegt. Außer dem Expeditionsleiter *Drygalski* nahmen weitere vier Fachwissenschaftler teil. Einer von ihnen war vorwiegend für die Erforschung von Fauna und Flora und für die Untersu-

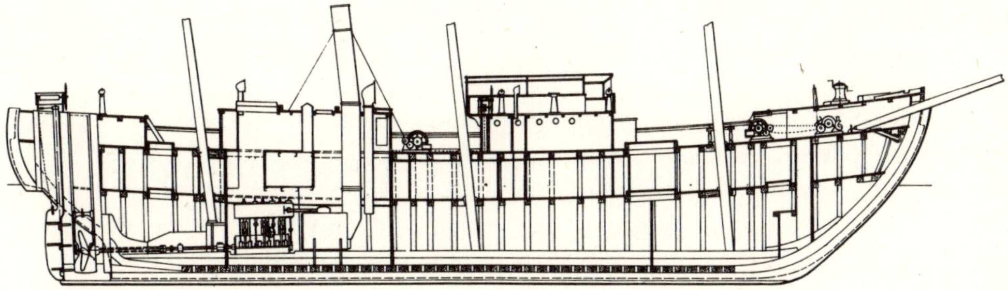

Fig. 8 Längsschnitt der Gauss

chung des Planktons der zu bereisenden Gebiete zuständig. Ein Geologe beschäftigte sich mit Gesteinsuntersuchungen und chemischen Arbeiten an Bord bzw. in der Winterstation. Ein anderer Wissenschaftler besaß besondere Fachkenntnisse über erdmagnetische und meteorologische Erkundungen. Der vierte Wissenschaftler war Mediziner. Zu seinen Obliegenheiten gehörte es bereits vor Beginn der Reise, den Proviant zu überprüfen und seine sachgemäße Lagerung an Bord zu überwachen. Eine gesunde Ernährung ist die erste Voraussetzung zum Vermeiden von Erkrankungen. Der Mediziner übernahm unterwegs auch Aufgaben anderer Fachbereiche. Überhaupt gab es zwischen den Fachwissenschaftlern unterwegs eine sehr gute Zusammenarbeit und eine gegenseitige Unterstützung. Kapitän war *Hans Ruser*, ein erfahrener Nautiker, der bei der HAPAG und auf einem Bergungsdampfer ausreichende seemännische Erfahrungen gesammelt hatte. Kapitän *Ruser* hatte sich vor der Reise Kenntnisse über astronomische Beobachtungen angeeignet, die er im Rahmen des Forschungsprogrammes anwenden konnte. Der Technische Offizier hatte während des Einbauens der Maschine schon seine Vorstellungen über deren zweckmäßige Aufstellung in die Tat umsetzen können. Ihm oblag während der Reise die Oberaufsicht über alle Maschinen und technischen Anlagen. Außerdem hatte sich *Stehr* mit der Handhabung von Sprengmitteln und mit dem Aufstieg von Fesselballons für meteorologische Beobachtungen vertraut gemacht. Der Zweite Offizier hatte neben seiner nautischen Ausbildung im Observatorium Potsdam einen Kursus für astronomisch-geodätische Arbeiten absolviert. Zwei Bootsleute und zwei Schiffszimmerer waren vorwiegend für die Wartung und Pflege des gesamten Schiffes zuständig. Unter den neun Matrosen, vier Deutsche und fünf Skandinavier, befanden sich eismeererfahrene Norweger. Zwei Maschinenassistenten und fünf Heizer sorgten für das Funktionieren und die Pflege der Maschinen und Winden an Bord. Und nicht an letzter Stelle sollen der Koch und der Stewart genannt sein, die für das leibliche Wohl aller Expeditionsteilnehmer sorgten. Auch die seemännische Besatzung wurde vor Antritt der Reise in Tätigkeiten unterwiesen, die nicht zu ihrem Beruf gehörten. Einige von ihnen bereiteten sich auf die Arbeiten für die einzurichtende feste Station auf Kerguelen vor. Andere erlernten das Präparieren von Vogelbälgen und wieder andere technische Arbeiten für das Forschungsprogramm. Ursprünglich war eine Besatzung von insgesamt 30 Personen, einschließlich Wissenschaftler, vorgesehen. Auf der letzten Station auf dem Festland, in Kapstadt, schieden jedoch sechs Mann aus, von denen fünf nicht den Vorstellungen der Expeditionsleitung entsprachen. Mit den in Kapstadt gemusterten acht neuen Seeleuten waren dann insgesamt 32 Personen an Bord.

Auf der Kerguelenstation sollten sich drei Wissenschaftler und zwei Matrosen einrichten. Ein großer Teil der wissenschaftlich-technischen Ausrüstung für diese Station war bereits mit dem Lloyddampfer KARLSRUHE bis Sydney und von dort mit dem Dampfer TANGLIN, gechartert vom Norddeutschen Lloyd, nach Kerguelen befördert worden. Drei Mann der Expedition begleiteten die Ausrüstung auf diesem Wege.

Die Wohn- und Aufenthaltsräume für alle Expeditionsteilnehmer befanden sich im Zwischendeck. Der Leiter, der Kapitän, die Wissenschaftler und Offiziere wohnten in geräumigen Ein- bzw. Zweimannkammern. Die Matrosen und das Maschinenpersonal wohnten in Mannschaftslogis für zehn und sechs Mann. Mittschiffs lag die gemütliche Offiziersmesse, durch die wie eine Säule der Großmast führte. Ein größerer Raum vor der Messe beherbergte ein Labor, in dem während der Hinfahrt technische Ausrüstungsgegenstände und Meßinstrumente verstaut waren. Ein Teil des Labors diente als Dunkelkammer zum

Entwickeln des Filmmaterials. Es war außerdem vorgesehen zum Präparieren von arktischen Tieren. Das größere Labor jedoch befand sich in dem Deckshaus vor dem Großmast. Die Laderäume in beiden Decks des Vorschiffs dienten der Lagerung des Proviants, der für die Versorgung von dreißig Mann für 1000 Tage gedacht war. Die Kombüse befand sich über dem Maschinenraum. Auf der Rückseite des Deckshauses lag der Kartenraum. In dem zur Verfügung stehenden Stauraum mußten auch Kohlen, flüssige Brennstoffe, Instrumente, Zelte, Schlitten, der Fesselballon und die Beiboote untergebracht werden.

Der Leiter der Expedition, *Drygalski*, schätzte das Expeditionsschiff so ein: »Nach dem Gesagten wird es nicht wunder nehmen, daß ich dem ›Gauss‹ als Ganzem ungeteilte Anerkennung zolle. Er war das beste Polarschiff, das bisher existiert hat, ohne diesbezüglich Vergleiche hier im einzelnen durchführen zu wollen. Er lag fest in der See und hielt sich vortrefflich im Sturm, ohne dabei mehr zu schlingern als in gleicher Lage jedes andere Schiff. Selbst bei den schweren Seen und Weststürmen der höheren südlichen Breiten hatte er trotz des stark beladenen Zustandes nicht übermäßig viel Wasser an Deck. Im Eis war er wuchtig und stark genug, um dicke Schollen zu brechen und sich mit sicherem Gang seinen Weg zu bahnen. Stoßen und Reiben der Schollen machten ihm nichts, nur die Farbe wurde abgekratzt und auch aus Pressungen ging er unbeschädigt hervor. Im Innern war er behaglich und wohnlich eingerichtet und bot nach Zahl und Art für die Expedition die geeigneten Räume... Der ›Gauss‹ war von der Marine nicht nur für das Eis, sondern auch für die Fahrt in der hohen See der Westwindzonen gebaut und mit der Zuversicht entlassen worden, daß er diesen Anforderungen genügen würde, unsere bereits vorliegenden Berichte besagten, daß diese Zuversicht in jeder Beziehung gerechtfertigt gewesen war, daß insbesondere die Stabilität des Schiffes bei hoher See keine Bedenken erregte, daß es dafür auch keineswegs besonderen Ballasts bedurfte. Die Lage des Schiffes in hoher See war gut und sogar die beste gewesen, wenn seine Belastung nicht zu schwer war und zu tief lag; wir hatten aus diesem Grund immer dafür gesorgt, daß auch das Zwischendeck und das Deck nicht ohne Last waren, weil der ›Gauss‹ schwere Last nur im Unterraum am wenigsten ertrug.« [3]

Während das Schiff auf der Helling entstand, beschäftigte sich eine Gruppe der Kommission mit der Planung und Beschaffung der Ausrüstung. Sie sorgte für die gesamte seemännische Ausrüstug, z. B. Ersatzsegel, Kojeneinrichtungen, Werkzeuge für den Schiffsbedarf, für den Zimmermann, für den Segelmacher und die Wartung, Bedienung und eventuelle Reparatur der Maschinenanlage genauso, wie für die Kombüseneinrichtung. Der Unterschied zur üblichen Ausrüstung eines Frachtschiffes bestand darin, daß die GAUSS in polare Gewässer fahren sollte und viele Monate kein anderer Hafen zur Nachrüstung angelaufen werden konnte. Es war damit zu rechnen, daß das Schiff vom Eis eingeschlossen würde und jeglicher Kontakt zur Außenwelt für unbestimmte Zeit nicht möglich wäre. Das verlangte sorgfältige Überlegungen bei der Vorbereitung. Zur Decksausrüstung gehörten u. a. zwei Dampfwinden. Die kleinere von ihnen, für maximal 3,5 t Last, stand vor dem Maschinendeckshaus, während sich die größere für 7,5 t Last zwischen der Back und dem Fockmast befand. Das Ankerspill unter der Back ließ sich entweder durch die hintere Dampfwinde oder manuell bedienen. Beiderseits des Maschinenhauses waren große Tanks festgelascht, in denen Naphta (Maschinenöl), Petroleum und Trinkwasser mitgeführt wurden. Neben dem Deckshaus über dem Maschinenschacht befanden sich in Höhe des Daches an Backbord und Steuerbord, auf stabilen Hölzern gelagert, vier der mitgeführten Beiboote, und zwar zwei Rettungsboote, eine Walfangschaluppe und ein kleines Motorboot. Ein kleines Dingi lag quer dahinter auf dem Dach des Maschinenhauses. Vor dem Ruderschacht war das sechste Beiboot befestigt. Hier lagen auch ein zweites Rudergeschirr und zwei Reservepropeller. Unmittelbar vor dem Schornstein führte eine schmale Brücke über die ganze Breite des Schiffes und noch darüber hinaus, um die Lotmaschinen für die Tiefseelotungen aufstellen zu können. Eine Kabelwinde für die Thermometer, mit denen Tiefseetemperaturen gemessen wurden, hatte ebenfalls ihren Platz auf der Brücke. Daneben stand eine Winde für den Aufstieg eines Drachens zu meteorologischen Erkundungen. Mittelpunkt der Kommandobrücke über dem Labor war ein großer Schlingertisch für magnetische Messungen auf See.

Ein Teil der Ausrüstung für die Arbeiten in der Antarktis, z. B. die Schlitten und Kajaks, lagen festgelascht auf stabilen Querbalken zwischen den Deckshäusern und den Wanten.

Die nautische Ausrüstung der GAUSS bestand aus folgenden Geräten:

- ein Steuerkompaß;
- ein Azimuthkompaß;
- ein Fluidkompaß;
- zwei Fernrohre;
- drei Loggläser;
- eine Logrolle;
- ein Patentlog mit Reserveflügel;
- zwei Loggläser (14 Sekunden);
- zwei Nebelhörner;
- drei Nachtgläser;
- drei Kajütsuhren;
- ein Chronometer;
- drei Schiffsthermometer;
- ein Aneroidbarometer;
- ein Parallellineal;
- ein Vergrößerungsglas;
- zwei Dreiecke;
- zwei Reißzeuge;
- ein Sprachrohr.

Sextanten sind in der Liste nicht aufgeführt. Sie waren mit Sicherheit an Bord und gehörten vermutlich dem Kapitän persönlich. Über die Ausrüstung mit Seekarten gibt es leider keinen Vermerk. Es ist anzunehmen, daß alle derzeit modernen Karten der zu befahrenden Gebiete mitgenommen wurden. Ein wesentlicher Teil der Polarausrüstung wurde im norwegischen Christiania, dem heutigen Oslo, eingekauft, so z. B. die Schneeschuhe, die Schlitten und das Hundegeschirr sowie die Spezialkleidung für alle Teilnehmer. Berater bei diesen Einkäufen war *Fridtjof Nansen* mit seiner großen Arktiserfahrung. Die Expeditionsleitung bot dem bekannten Geographen und Arktisforscher *Karl Koldewey*, Leiter der ersten und zweiten deutschen Arktisexpedition, die Teilnahme an dem Unternehmen an. Dieser lehnte jedoch ab, als er erfuhr, daß Hunde und Hundeschlitten mitgeführt werden sollten.

Die Hunde für die Schlittenfahrten auf dem antarktischen Eis mußten eine lange Reise absolvieren, ehe sie von der GAUSS übernommen wurden. Sie kamen aus Kamtschatka. Über Hongkong wurden sie mit dem Schiff nach Sydney gebracht und von dort wiederum zusammen mit den Ausrüstungsteilen für die feste Station auf Kerguelen zu eben dieser Insel transportiert. Hier nahm man sie im Januar 1902 an Bord, als die GAUSS zur letzten Etappe, zum Eisrand der Antarktis, aufbrach.

Die wissenschaftlich-technische Ausrüstung diente ozeanographischen Beobachtungen wie Planktonuntersuchungen, Lotungen, Strömungsforschung und Wassertemperaturmessungen, außerdem den Erkundungen der Flora und Fauna der bereisten Gebiete, den geodätischen Messungen und den Beobachtungen der klimatischen Gegebenheiten.

Ein Instrument, das unterwegs am häufigsten benutzt wurde, war eine Lotmaschine (Typ Sigsbee) für Tiefseelotungen. Die Trommel dieser Maschine konnte 12000 m Klaviersaitendraht (0,9 mm Durchmesser) aufnehmen. Die Lotmaschine befand sich auf der Brücke des Schiffes an der Backbordseite. Den Antrieb besorgte eine kleine Dampfmaschine. Eine andere Lotmaschine (Typ Lucas) mit etwas geringerer Leistung befand sich gegenüber an der Steuerbordseite. Mit beiden Lotmaschinen ließen sich Wasserschöpfer, Schlammrohre zur Entnahme von Bodenproben vom Meeresgrund oder ein Kippthermometer verbinden. Für die Messung von Tiefentemperaturen verwendete man ein englisches Extremthermometer. Bei diesem Instrument waren ein Maximum- und ein Minimumthermometer miteinander verbunden, so daß bei einer Messung sowohl die niedrigste als auch die höchste ermittelte Temperatur erfaßt werden konnten. Für die Entnahme von Wasserproben aus verschiedenen Tiefen zur labortechnischen Untersuchung dienten besondere Wasserschöpfer, die an Stahlseilen ins Wasser hinab gelassen wurden.

Mit Netzen, die in eine Tiefe bis über 1200 m gesenkt werden konnten, fing man Tiefseefische, die biologisch untersucht oder auch präpariert wurden. Sorgfältig hielt man alle Gezeitenbeobachtungen in einem Journal fest. Ein Deviationsmagnetometer diente der Beobachtung von erdmagnetischen Erscheinungen. Die exakte Messung dieser Erscheinungen gestaltete sich unterwegs durch die Bewegungen des Schiffes sehr schwierig. Um genaue magnetische Messungen vornehmen zu können, hatte man ein stationäres Observatorium auf der Kerguelen-Insel errichtet. Ergänzt wurden die Messungen durch Informationen von der GAUSS, als sie im Eis lag. Mit dem Deviationsmagnetometer »wurde die magnetische Deklination bestimmt, d. h., der Winkel zwischen der Richtung der Magnetnadel und der Richtung des Meridians, zweitens die sogenannte Horizontalintensität oder die Größe der Kraftart, mit welcher die Magnetnadel sich in ihre horizontale Richtung einstellt, und drittens mit dem zugehörigen Inklinatorium auch die magnetische Inklination oder derjenige Winkel, um welchen die Richtung der Magnetnadel bei freier Aufhängung gegen den Horizont geneigt ist. Bekanntlich stellt sich an allen Orten der Erde eine frei schwebende Magnetnadel in eine bestimmte sowohl von der Horizontalen wie von der Richtung des Meridians abweichende Richtung ein, um an den magnetischen Polen senkrecht zu stehen«. [3]

Versuche, auf See einen Drachen mit meteorologischen Meßinstrumenten auf eine bestimmte Höhe zu befördern, schlugen fehl. Der Drachen stürzte ins Wasser, und die wertvollen Instrumente gingen verloren. Bemerkenswert waren die Erfahrungen, die man bei mehreren Aufstiegen eines Fesselballons sammeln konnte. Er diente Beobachtungen in höheren Luftschichten. Der Ballon hatte einen Durchmesser von neun m und faßte 300 m^3 Wasserstoffgas. In 450 Stahlzylindern (25 cm × 140 cm) wurde das Gas, auf 150 atü komprimiert, mitgeführt. Der anhängende Korb konnte eine Person aufnehmen und hatte Platz für die jeweils benötigten Beobachtungsinstrumente und 500 m Kabel. Von einem Aufstieg des Ballons mit Hilfe einer Dampfwinde von Bord aus nahm man Abstand, da einerseits eine Berührung des Ballons oder des Kabels mit Teilen der Takelage zu befürchten war, zum anderen fürchtete man, die Dampfmaschinen nicht feinfühlig genug bedienen zu können, so wie es manuell möglich gewesen wäre. Der Aufstieg erfolgte mit einer von Hand bedienten Windentrommel über eine Leitrolle, die an einem tief im Eis eingefrorenen Anker befestigt war. Auch der Sockel der Kabelrolle war fest im Eisboden eingefroren. Den ersten Ballonaufstieg in der Antarktis unternahm *Drygalski* am 29. März 1902. Für die Ballonfüllung reichte der Inhalt von 62 Gaszylindern. Über zwei Stunden lang hielt sich *Drygalski* im Ballon auf und nahm Temperaturmessungen in verschiedenen Höhen vor. Den Ballon ließ man bis zu einer Höhe von 480 m steigen.

Für verschiedene Erkundungen mußten Bohrungen in der Eisdecke vorgenommen werden. Dafür standen Schneckenbohrer und Löffelbohrer mit Handkurbeln zur Verfügung. Durch ein Loch in der Eisdecke ließ man Thermometer in die Tiefe hinab, um die Wassertemperaturen zu messen. Auch für das Messen der Eisstärke waren Bohrungen notwendig. »Das trockene Bohren ist eine Arbeit, bei welcher man Geduld üben lernt«. [3] Für das Bohren eines 30 m tiefen Loches von Hand benötigte man elf Arbeitstage. Da auch Eissprengungen vorgesehen waren, wählte man sehr sorgfältig die geeigneten Sprengmittel aus. Die Lagerung der Sprengmittel über längere Zeit und bei unterschiedlichsten Temperaturen an Bord mußte ohne Gefahr für das Schiff und die Besatzung gewährleistet sein. Auf Anraten von Fachleuten wurde zum Sprengen Gesteins-Roburit und Pikrinsäure benutzt. Beide Sprengmittel sind relativ gefahrlos zu transportieren. Erst zahlreiche Probesprengungen mit kleineren Mengen brachten die notwendigen Erfahrungen für den gezielten Einsatz.

Verlauf und Ergebnisse der Expedition

Das Expeditionsschiff Gauss lief am 11. August 1901 von Kiel aus in die Antarktis ab. Nachdem der Kanal passiert war und das Schiff sich im Atlantik befand, begann die wissenschaftliche Arbeit. Lotungen, Temperaturmessungen des Wassers und der Luft, Plankton- und meteorologische Untersuchungen gehörten u. a. zum täglichen Arbeitsprogramm der Wissenschaftler. Der erste Hafen auf dem Weg nach Süden war Porto Grande auf den Kapverdischen Inseln. Hier begann man mit magnetischen Messungen. Auch der Magnetismus des Schiffes mußte exakt ermittelt werden, um ihn bei allen anderen magnetischen Erscheinungen berücksichtigen zu können. Auf der Insel wurden geologische Besonderheiten notiert, Pflanzen, Fische und Krebse gesammelt. Der nächste Hafen, der angelaufen wurde, war Kapstadt an der Südspitze Afrikas. In der Stadt herrschte während dieser Zeit wegen der Burenkriege das Kriegsrecht. In Kapstadt wurde das Deck der Gauss nachkalfatert, da in den Tropen die Deckshölzer ausgetrocknet und größere Fugen entstanden waren. Während der Fahrt hatte es sich gezeigt, daß das Schiff nicht dicht war und stets Wasser nahm, so daß jeden Tag die Pumpen in Betrieb gesetzt werden mußten. Ein Eindocken hätte zu lange gedauert, und so bemühte man sich, das Achterschiff selbst abzudichten, jedoch nicht mit vollem Erfolg. Wegen des vermuteten Lecks im Schiff waren einige Besatzungsmitglieder beunruhigt und musterten ab. Dafür nahm man dort neue Leute an Bord, die sich während der weiteren Reise sehr gut in die Besatzung einfügten. In Kapstadt überprüfte man noch einmal die magnetischen Instrumente, und nach wenigen Tagen Aufenthalt ging die Reise weiter. Die Crozet-Inseln wurden besucht und dann das nächste Ziel, Kerguelen, angesteuert.

Kerguelen ist eine Inselgruppe im südlichen Indischen Ozean, die 1772 entdeckt wurde und seit 1893 von Frankreich verwaltet wird. Dort wurde die Gauss bereits von den Expeditionsmitgliedern, die von Sydney gekommen waren, erwartet. Auf dieser Station sollten meteorologische und magnetische Messungen vorgenommen werden. Die Station war »ein durch gemeinsame Arbeit mit der Hauptexpedition eng verbundenes Glied und dabei doch ein selbständiges Ganzes, das für sich zu bestehen und zu handeln hatte.« [3] Dort hatte sich bereits 1874 eine englische Forschergruppe vom Schiff Challenger aufgehalten, um den Durchgang der Venus durch die Sonnenscheibe zu beobachten.

Ende Januar 1902 verließ die Gauss Kerguelen, um zum eigentlichen Ziel der Expedition zu gelangen. Ihre Aufgabe bestand darin,

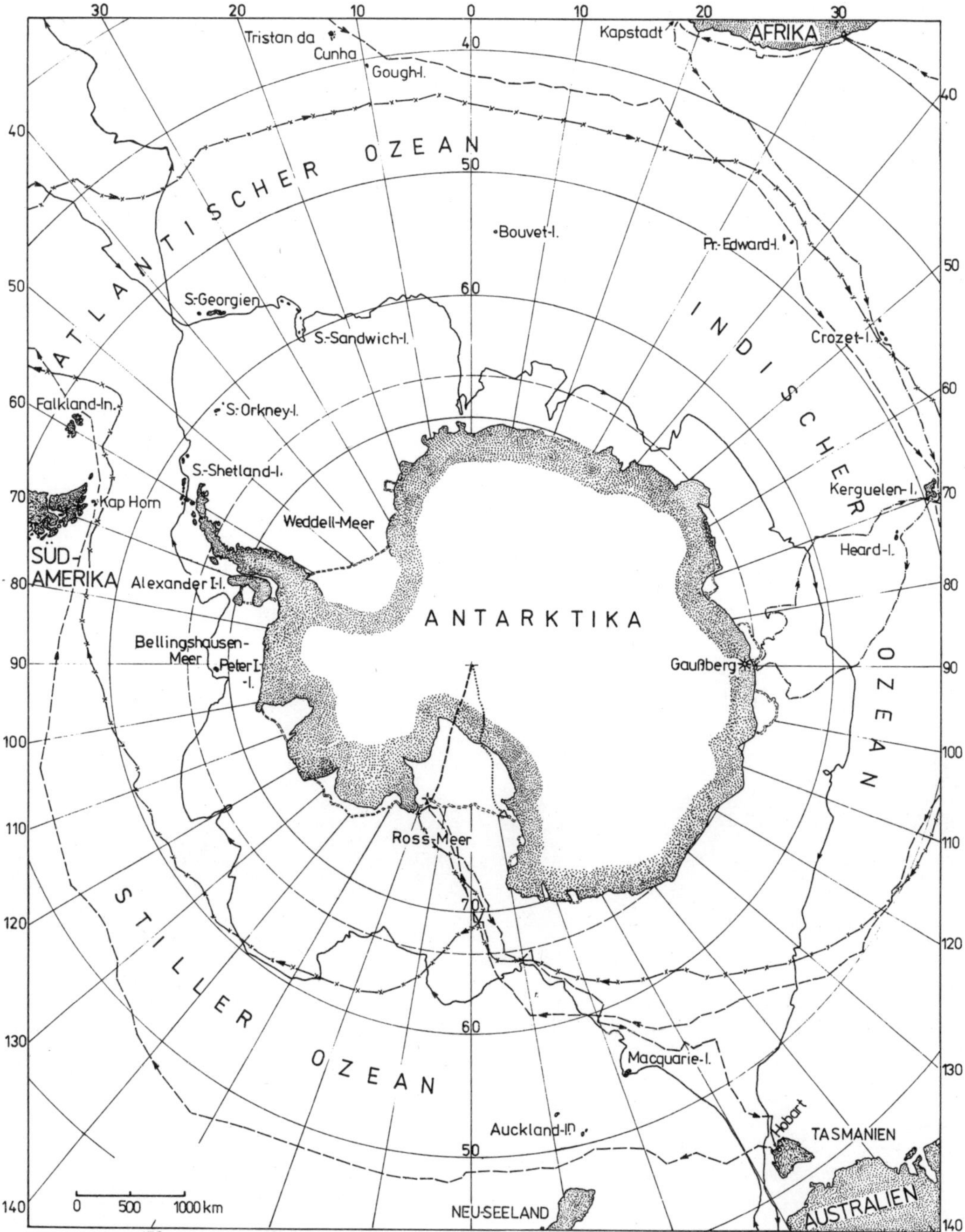

——— Wostok und Mirny

—·—·— Gauss

– – – – Fram, Norwegen–Walbucht–Buenos Aires

—x—x— Fram, Buenos Aires–Walbucht–Buenos Aires

- - - - - Amundsens Schlittenreise zum Südpol

.... Scotts Schlittenreise zum Südpol

Fig. 9 Die Fahrten der Wostok, der Mirny, der Fram und der Gauss in der Antarktis

das Gebiet der Antarktis zwischen Knox-Land und Kemp-Land, zwischen dem 60. und 90. Längengrad, zu erkunden. Dieses Gebiet war bisher weitgehend unerforscht. Die Expedition wollte die Eislage, die Küste, die Erscheinungsformen des Festlandeises und die Strömungen des Südpolarmeeres kennenlernen. Zahlreiche magnetische Beobachtungen führten zu der Erkenntnis, daß dieses Gebiet nicht besonders günstig für solche Messungen ist, weil die Entfernung vom magnetischen Südpol zu gering ist.

Am 14. Februar drang die GAUSS in den Eisgürtel der Antarktis ein und trieb mit den Schollen, bis sie im Eis festfror und dort, 90 Kilometer vom Festland entfernt, die Winterstation errichtet werden konnte. Vier Beobachtungshütten für die Meßinstrumente wurden auf dem Eis aufgebaut; zwei für magnetische Messungen, eine für den Astronomen und die vierte für den Meteorologen. Von der Winterstation aus unternahmen die Expeditionsteilnehmer zahlreiche Schlittentouren zur Erkundung der näheren und weiteren Umgebung. Auf einer dieser Schlittenfahrten wurde ein Berg (später Gaußberg) entdeckt und sein vulkanischer Ursprung nachgewiesen. Das war der erste Nachweis von früherer vulkanischer Tätigkeit auf dem Festland der Antarktis.

Wesentliche Teile des Forschungsprogrammes entsprachen den internationalen Vereinbarungen zur Erforschung der Antarktis.

Hier im Eis fand man auch die undichte Stelle im Schiff. Durch den Ruderschacht trat Wasser ein. Das Leck wurde zunächst mit Sägespänen gefüllt und dann vom Zimmermann im Taucheranzug von außen mit Filz und Blei abgedichtet.

Neu im Forschungsprogramm der GAUSS-Expedition waren Schwerkraftbeobachtungen mit einem »vom geodätischen Institut Potsdam konstruierten Apparat, in welchem unveränderliche Pendel in einem luftleeren Raume schwingen mußten«. [3]

Sollte von den GAUSS-Leuten bis zum 1. Juni 1903 keine Nachricht in der Heimat eingetroffen sein, so war vorgesehen, eine »Ersatzexpedition« zur Suche nach der GAUSS auszurüsten und in das Forschungsgebiet zu entsenden. Dies war als Sicherheit für die Forschergruppe gedacht, da man ja nicht voraussehen konnte, wie lange das Schiff im Eis festgehalten werden würde. In den 14 Monaten, die die Expedition im Eis festlag, »sei in jeder einzelnen Wissenschaft genug geschehen, und in der Gegend, wo wir gewesen waren, ließen sich kaum mehr wesentliche Ergänzungen erwarten« versicherte *Drygalski* in seinem Reisebericht. [4]

Von dem zu erforschenden Gebiet war etwa die Hälfte genau erkundet worden, und es war zu vermuten, daß weitere Forschungen keine wesentlich anderen Erkenntnisse bringen würden. »Was uns umgab, das war uns bekannt, und die Geheimnisse, die der Natur dort abzulauschen waren, waren entschleiert. Der Natur war abgerungen, was sie uns hergeben wollte.« [3]

Im Februar 1903 begann das Eis, in dem die GAUSS gefangen lag, sich vom Festland zu lösen und nordwärts zu treiben. Bis April bewegte sich das Schiff noch im Scholleneisgürtel. *Drygalski* hatte vor, zunächst nach Kapstadt zu fahren, um von dort über den Erfolg des Unternehmens Nachricht nach Deutschland zu senden. Dann sollte das Schiff auf einer der Inseln im südlichen Indischen Ozean den Winter abwarten und im Frühjahr erneut nach Süden zur Erkundung weiterer Gebiete der Antarktis reisen. Er plante eine zweite Überwinterung in der Antarktis.

Von dem ersten Schiff, dem die GAUSS auf dem Weg von der Antarktis nach Kapstadt begegnete, der norwegischen Bark GRACIA, erfuhr man von der glücklichen Heimkehr der FRAM von ihrer zweiten Reise unter *Sverdrups* Leitung.

Drygalski ließ zunächst den Hafen Durban ansteuern. Der Lotse von Durban teilte jedoch mit, daß in der Stadt die Pest ausgebrochen sei und ein Anlaufen dieses Hafens daher nicht ratsam war. So ging die Reise ohne Aufenthalt weiter nach Kapstadt. Von dort aus sandte *Drygalski* telegrafisch Nachricht nach Deutschland und bat um die Erlaubnis, eine weitere Reise in die Eiszonen der Antarktis unternehmen zu dürfen.

Am Schiff mußten vorerst zahlreiche Reparaturen vorgenommen werden. Die Segel und die Takelage wurden überholt, das Ankerspill ausgebessert, die Kessel der Maschinenanlage gereinigt und die Decksplanken neu kalfatert.

Da es an den Mitteln zur Weiterführung der Expedition mangelte, erhielt die GAUSS Order, nach Kiel zurückzureisen. Auf der Rückreise wurde in Jamestown auf St. Helena und auf Ascension Station gemacht. Am 25. November 1903 machte die GAUSS nach zwei Jahren und drei Monaten Abwesenheit im Heimathafen Kiel fest.

Die Antarktisexpedition unter der Leitung *Drygalskis* mit dem Forschungsschiff GAUSS absolvierte ein umfassendes Forschungsprogramm in vielen verschiedenen Fachgebieten. Zu den wertvollen Ergebnissen der Arbeit gehörten geologische, meteorologische, ozeanographische, biologische, glaziologische, geographische und erdmagnetische Beobachtungen. Letztere führten zu der Erkenntnis, daß es einen Zusammenhang gibt zwischen den magnetischen Kräften an den Erdpolen und dem Lauf der Sonne.

In einer zehnbändigen Publikation wurden alle Forschungsresultate, die die GAUSS-Expedition mit nach Hause brachte, der Öffentlichkeit vorgelegt. Neben den ozeanographischen Arbeiten im südlichen Atlantik und im Indischen Ozean wird die Entdeckung des späteren Gaußberges (371 m) auf dem Festland der Antarktis und die Erkundung des ihn umgebenden Territoriums als besonders bedeutend gewertet. Mit der Entdeckung dieses Berges und seines vulkanischen Ursprunges gelang der Nachweis, daß sich auch südlich des Polarkreises vulkanische Prozesse abgespielt hatten.

Das von der ersten deutschen Antarktisexpedition entdeckte Festland erhielt den Namen Kaiser-Wilhelm-II.-Land.

Das in Kiel gebaute Polarschiff hatte seine Eignung für die Eisfahrt unter Beweis gestellt. Es hatte alle Bewährungsproben glänzend bestanden.

»Auch an Widerstandsfähigkeit gegen die Angriffe des Eises hat der ›Gauss‹ vollkommen genügt. Die Form war rund genug, um den Eisdruck abzulenken; Stöße haben das Schiff durch seinen ganzen Körper erzittern lassen, aber in der Außenhaut auch nicht eine Wunde geschlagen; eine Pressung verursachte reichlichen Lärm, mehr aber an der Außenhaut, wo die Schollen sich drängten und drückten, als an den Balken und Knien und Stützen, welche den Eisdruck nach innen aufnahmen. Sonach kann man das Urteil dahin zusammenfassen, daß die Form des ›Gauss‹ rund genug war, um den Angriffen des Eises die geeigneten Aufnahmeflächen zu bieten. Die Geschwindigkeit war für hohe See zu gering, doch war das Schiff auch nicht dafür gebaut und man lernte damit rechnen; für das Eis reichte sie aus, und in den Fällen, wo sie nicht ausreichte, dürfte sich im Eise auch die stärkste Maschine als machtlos erweisen. Mögen so manche Einzelheiten, von denen ich sprach, bei einem künftigen Bau sich anders gestalten, vielleicht auch verbessern lassen, so tut das der vollen Würdigung des vortrefflichen Schiffes keinen Abbruch, das in vielen verschiedenen und schwierigen Lagen, mochten sie erwartet sein oder nicht, voll und ganz seinen Zweck erfüllt und sich glänzend bewährt hat«. [3]

Für die Entsendung der GAUSS zu einer weiteren Polarexpedition fehlten die Mittel. So kam es sehr gelegen, daß sich recht bald ein Käufer für das Schiff fand. Im April 1904 sandte das Marineministerium Kanadas Kapitän *J. E. Bernier* nach Bremerhaven, um die

Gauss zu erwerben und nach Quebec zu überführen. Der Kaufpreis für das Schiff betrug 75000 Dollar. Schon im Mai lag die nun in Arctic umbenannte Schonerbark in Quebec und wurde sogleich unter der Aufsicht *Berniers* für eine auf etwa drei Jahre geplante Arktisreise ausgerüstet. Kapitän *Bernier* hoffte, zunächst mit dem Schiff eine Reise zum Nordpol unternehmen zu dürfen. Das Marineministerium entschied jedoch, daß die Arctic zur Hudson Bay reisen sollte. Wichtigste Order für das Schiff war die Sicherung der nördlichen Grenze Kanadas und das Einrichten einiger Kontrollstationen entlang dieser Grenze für die Royal North-West Mounted Police, die die Souveränität Kanadas im Norden zu wahren hatte (Schutz vor unkontrollierter wirtschaftlicher Ausbeutung dieser Region).

In den Jahren 1904 bis 1911 unternahm die Arctic vier größere Reisen in die arktische Inselwelt Nordamerikas. Sie überwinterte 1906/07 in Albert Harbour bei der Baffin Insel, 1908/09 bei der Melville-Insel und 1910/11 in der Arktis Bay. Während dieser Reisen wurden bisher unbekannte Inseln entdeckt, kartiert und für Kanada in Besitz genommen. Im Jahre 1906 fand die Besatzung der Arctic in der Nähe der Erebus Bay die Jacht Mary, die dort im Jahre 1852 von den Mitgliedern der Expedition unter Sir *John Ross* im Eis zurückgelassen worden war.

Die Arctic bewies bei allen diesen Polarfahrten ihre gute Eignung für die Fahrt unter den besonderen Bedingungen der Arktis.

Gauss (später Arctic)	
Bauwerft:	Howaldtwerke Kiel
Baujahr:	1900/01
Typ:	Schonerbark
Länge zwischen den Loten:	46,00 m
Breite auf Spanten:	10,70 m
Breite auf Außenhaut:	11,27 m
Raumtiefe:	6,30 m
Tiefgang:	4,80 m
Deplacement auf Spanten bis Konstruktionstiefgang:	1238 t
Deplacement auf Außenhaut bis Konstruktionstiefgang:	1442 t
Segelfläche:	1026 m²
Besatzung:	32 Mann
Antrieb:	Dampfmaschine (325 PS)
Geschwindigkeit:	4 bis 5 kn, maximal 7 kn

Anhang

Tabelle

Schiffe, die durch Eisdruck verlorengingen oder aufgegeben werden mußten (Auswahl)

Jahr	Schiff	A	AA	Expeditionsleiter	Bemerkungen
1596/97		x		William Barents N	Schiff im Eis eingeschlossen und verlassen, zahlreiche Mitglieder der Expedition starben.
1833	Victory	x		John Ross GB	Schiff im Eis verloren, Mannschaft von Hilfsschiff gerettet.
1845	Erebus, Terror	x		John Franklin GB	Expedition verschollen (134 Besatzungsmitglieder), von 1848 bis 1889 etwa 40 Suchexpeditionen ausgeschickt.
1853	Investigator	x		Robert MacClure GB	Schiff im Eis eingeschlossen und verlassen, Mannschaft mit Schlitten und Booten gerettet.
1852/54	4 Schiffe	x		Edward Belcher GB	Schiffe im Eis eingeschlossen und verlassen, Mannschaften mit Schlitten und Booten gerettet.
1853	Advance	x		Elisha Kent Kane USA	Schiff im Eis aufgegeben, Rückkehr mit Booten.
1870	Hansa	x		Karl Koldewey D	Schiff vom Eis zerdrückt, Mannschaft driftete 200 Tage auf Eisscholle und konnte mit Boot Grönland erreichen.
1872	Polaris		x	Charles Francis Hall USA	Schiff im Eis eingeschlossen und verlassen, Mannschaft driftete 195 Tage auf Eisscholle, von Walfänger gerettet.
1874	Tegetthoff	x		Julius Ritter von Payer Ö	Schiff im Eis eingeschlossen und verlassen, Mannschaft mit Booten und Schlitten von russischen Fischern gerettet.
1881	Jeannette	x		George Washington de Long USA	Schiff nach Eispressung gesunken, ein Teil der Mannschaft mit Schlitten und Booten gerettet.
1903	Antarctic		x	Otto Nordenskjöld S	Schiff nach Eispressung gesunken, Mannschaft von argentinischem Hilfsschiff geborgen.

Jahr	Schiff	A	AA	Expeditionsleiter	Bemerkungen
1915	ENDURANCE		x	Ernest Henry Shackleton GB	Schiff vom Eis zerstört, Mannschaft unter dramatischen Bedingungen gerettet.
1934	TSCHELJUSKIN	x		Otto Julewitsch Schmidt SU	Schiff im Eis zertrümmert, Mannschaft von Fliegern gerettet.
1986	MS SOUTHERN QUEST		x	BRD	Schiff durch Eisdruck beschädigt und gesunken, Mannschaft von Hubschraubern gerettet.

A – Arktis
AA – Antarktis
D – Deutschland
GB – Großbritannien
N – Niederlande
Ö – Österreich
S – Schweden
SU – Sowjetunion
USA – Vereinigte Staaten von Amerika

Literaturverzeichnis

Amundsen, R.: *Die Eroberung des Südpols* (2 Bd.). Leipzig 1912 [1]

Baschin, O.: *Roald Amundsen*, Lübeck 1933

Bauer, W.: *Die langen Reisen.* Eine Nansen-Biographie. München 1956

Bauvorschrift eines Dreimastschoners mit Hülfsmaschine für die Südpolarforschung, Kiel o. J.

Bellingshausen, F. von: *Forschungsfahrten im Südlichen Eismeer* 1819–1821. Leipzig 1902 [2]

Brögger, W. C. u. N. Rolfsen: *Fridtjof Nansen 1861–1896.* Berlin 1896

Dorion-Robitaille, Y.: *Captain J. E. Bernier's Contribution to Canadian Sovereignty in the Arctic.* Ottawa 1978

Dorogokupez, S.: *Am Anfang steht die Legende.* In: Wissenschaft in der UdSSR, 6/1986 (DDR-Ausgabe)

Drygalski, E. von: *Zum Kontinent des eisigen Südens.* Berlin 1904 [3]

Drygalski, E. von (Hrsg.): *Die deutsche Südpolarexpedition 1901–1903.* Berlin 1905 ff. [4]

Förster, H. A.: *Der weiße Weg.* Forscher erobern die Arktis. Leipzig 1954

Genschorek, W.: *In der weißen Wüste.* Leben und Leistung Fridtjof Nansens. Leipzig 1980

Gradenwitz, A.: *Ein unmagnetisches Schiff.* In: Die Welt der Technik, 16/1909. Berlin 1909

Grimm, K.: *Gauss – Dreimastmarssegelschoner mit Hilfsmaschine.* In: Das Logbuch 4/1974

Krämer, W. (Hrsg.): *Die Entdeckung und Erforschung der Erde.* Leipzig 1974

Koldewey, K.: *Die erste deutsche Nordpolar-Expedition.* Gotha 1871 [5]

Koldewey, K.: *Jacht »Grönland« im Eismeer.* Bericht der ersten deutschen Polarexpedition 1868. Reprint von 1871. Oldenburg und München 1979

Koldewey, K.: *Die zweite deutsche Nordpolarfahrt 1873/74* (2 Bd.)

Krusenstern, A. J. von: *Reise um die Welt in den Jahren 1803, 1804*... Petersburg 1810–1812 [6]

Kuhlmann, H.-J.: *Vorstoß zum südlichsten Punkt der Erde.* In: modellbau heute. 12/1986

Lutschiniow, S.: *Schljup »Mirny«.* In: Modelist Konstruktor 10/1974. Moskau

Nansen, F.: *In Nacht und Eis.* Die norwegische Polarexpedition 1893–1896. Leipzig 1897 [7]

Peisson, E.: *Roald Amundsen.* Weimar 1953

Sannes, T. B.: *Die FRAM.* Abenteuer Polarexpedition. Berlin 1986 [8]

Schimkewitsch, L. A.: *Mit den Schljupen »Wostok« und »Mirny« zur fernen Antarktis.* In: Sudostroenie. 7/1969

Schwimmende Oldtimer der Seefahrt. Führer des Deutschen Schiffahrtsmuseums. Nr. 3. Bremerhaven 1977

Stehr, A.: *Das Südpolarschiff »Gauss« und seine technischen Einrichtungen.* Deutsche Südpolar-Expedition 1901–1903. Band 1 [10]

Sverdrup, O.: *Neues Land.* Vier Jahre in arktischen Gebieten (2 Bd.). Leipzig 1903

Wille, H. H.: *Lockende Pole.* Der Kampf um den Nord- und Südpol. Leipzig 1966

Bildnachweis

Zentrales Museum der sowjetischen Seekriegsflotte, Leningrad: Abbildungen 1, 2, 3, 4, 5 und 6

Deutsches Schiffahrtsmuseum, Bremerhaven: Abbildung 11

H. O. Cohrs: Abbildung 12

Sammlung Lückstedt: Abbildung 15

Fram-Museum, Oslo: Abbildung 17

W. Ebel: Abbildung 28

Reproduktionen Eschenburg: Abbildungen 7, 8, 9, 10 und 14

Archiv Verfasserin: Abbildungen 13, 16, 18, 19, 20, 21, 22, 23, 24, 25, 26 und 27

Abbildungen

Abb. 1 Die Korvetten Wostok und Mirny vor der antarktischen Küste. Nach einem zeitgenössischen Gemälde

Abb. 2 Zeitgenössische Darstellung der Mirny

Abb. 3 Das Flaggschiff Wostok der russischen Antarktisexpedition

Abb. 4 Modell der Wostok

Abb. 5 Leutnant Lasarew, Kommandant der MIRNY

Abb. 6 Admiral von Bellingshausen, Kommandant der WOSTOK und Leiter der Expedition

Abb. 7 Die Jacht GRÖNLAND in einer Darstellung zum Expeditionsbericht Koldeweys

Abb. 8 Die GRÖNLAND bewegt sich durch Warpen zwischen den Eisschollen. Illustration zum Expeditionsbericht Koldeweys

Abb. 9 Mitglieder der GRÖNLAND-Besatzung erlegen Walrosse für die Frischfleischversorgung an Bord. Illustration zum Expeditionsbericht Koldeweys

Abb. 10 Die GRÖNLAND erhält eine Verstärkung der Seitenplanken, um dem Eisdruck besser standhalten zu können. Illustration zum Expeditionsbericht Koldeweys

Abb. 11 Wieder auf Segeltörn. Die GRÖNLAND vor Helgoland

Abb. 12 Im Museumshafen von Bremerhaven. Im Vordergrund die GRÖNLAND, rechts die Bark SEUTE DEERN

Abb. 13 Stapellauf der FRAM

Abb. 14 Die FRAM im Eis der Arktis, Juli 1894

Abb. 15 Fridjof Nansen beim Eintreffen auf Kap Flora

Abb. 16 Die FRAM driftet während der ersten Arktisexpedition

Abb. 17 Im FRAM-Museum in Oslo

Abb. 18 Die GAUSS entsteht auf der Helling in Kiel

Abb. 19 Die GAUSS 1901 in einem Kieler Dock

Abb. 20 Das Hauptdeck der Gauss, Juni 1901

Abb. 21 Blick auf das Deck der GAUSS, während der Ausrüstung

Abb. 22 Blick auf das Vorschiff der GAUSS, Juni 1901

Abb. 23 Die Gauss kurz vor der Abreise in die Antarktis

Abb. 24 Die Gauss unter vollen Segeln

Abb. 25 Gefangen im Eis der Antarktis. Die Windmühle auf der GAUSS hatte sich nicht bewährt

Abb. 26 Zwei Beiboote der Gauss

Abb. 27 In der Antarktis erhielt die GAUSS einen dunklen Rumpfanstrich

Abb. 28 Modell der GAUSS im Kieler Stadtmuseum